Manual de Massagem Pediátrica Chinesa

Tuina Pediátrico

Dados Internacionais de Catalogação na Publicação (CIP)
(Câmara Brasileira do Livro, SP, Brasil)

Noleto, Paulo
   Manual de massagem pediátrica chinesa : tuina pediátrica / Paulo Noleto. — São Paulo : Ícone, 2006.

   ISBN 85-274-0868-6

   1. Massagem para crianças 2. Massagem para lactentes 3. Medicina chinesa I. Título.

06-4386   CDD-615.822083951

Índices para catálogo sistemático:

1. Massagem pediátrica chinesa   615.822083951

Paulo Noleto

Manual de Massagem Pediátrica Chinesa

Tuina Pediátrico

Ícone
editora

Diagramação
Meliane Moraes

Capa
Meliane Moraes

Revisão
Rosa Maria Cury Cardoso

Todos os direitos reservados pela
ÍCONE EDITORA LTDA.
Rua Anhanguera, 56 – Barra Funda
CEP 01135-000 – São Paulo – SP
Tel./Fax.: (11) 3392-7771
www.iconelivraria.com.br
e-mail: iconevendas@yahoo.com.br
editora@editoraicone.com.br

"Ser levados, embalados, acariciados, pegos, massageados, constitui para os bebês, alimentos tão indispensáveis, senão mais, do que vitaminas, sais minerais e proteínas.

Se for privada disso tudo e do cheiro, do calor e da voz que ela conhece bem, mesmo cheia de leite, a criança vai se deixar morrer de fome".

Frédérick Leboyer

Dedico este livro aos meus filhos Sidharta, Rafael, Bernardo, Rhavi e Maíra.

A filha que eu não pude ter...

E a todas as crianças que necessitam de atenção e carinho como forma essencial de tratamento.

O amor e o afeto são o aporte principal para a cura.

Paulo Noleto

SUMÁRIO

PREFÁCIO

Meu interesse pela medicina chinesa iniciou muito cedo, quando em 1979, aos 17 anos iniciava meus estudos de Psicologia na cidade de Juiz de Fora. Meus estudos iniciais se focaram na massagem, inicialmente o Shiatsu, massagem japonesa que utiliza conceitos oriundos da medicina chinesa.

Posteriormente, em 1984, iniciei meus estudos na Academia de Medicina Chinesa e na Universidade de Medicina Chinesa de Beijing, onde aprendi Tuina em todos os seus aspectos: de manutenção da saúde, sua aplicabilidade ortopédica e pediátrica.

Pude observar que mesmo na China os pequenos têm medo de agulhas e por isto, os bebês e as crianças de até seis anos de idade se submetem a estímulos manuais, através da massagem e métodos menos drásticos. A sensibilidade cutânea e a fácil condução nervosa potencializam os efeitos dos métodos de estímulo manual nos pontos e meridianos de acupuntura, favorecendo a homeostasia e a rápida recuperação da criança.

O bebê e a criança pequena são acometidos principalmente por doenças do sistema digestório e respiratório, necessitando de fortalecimento do baço e do estômago e de sua energia defensiva. Seu desenvolvimento saudável dependerá muito desta fase de consolidação da saúde e por isto, métodos não iatrogênicos como a massagem chinesa pediátrica vem sendo cada vez mais praticados no Ocidente.

Espero com este manual poder contribuir na manutenção da saúde e tratamento de doenças que afligem as crianças brasileiras.

Paulo Noleto

Presidente do IMAM – Instituto Mineiro de Acupuntura e Massagens.

Reitor no Brasil do Campus Avançado da BUCM – Beijing University of Chinese Medicine.

Breve história do Tuina pediátrico

Não existia antes da dinastia Ming (1368-1644) nenhuma monografia sobre Tuina pediátrico. A primeira descrição sistemática do Tuina pediátrico foi escrita pelo Dr. Chen intitulado "Massagem para Crianças" sendo incluída no "Compêndio de Acupuntura e Moxabustão" do Dr. Yang Jizhou publicado em 1601. Em 1676 um outro especialista em Tuina, Dr. Xong Ying, compilou e publicou três volumes intitulados "Descrição geral de Terapia Tuina pediátrico".

Em 1776, Qian Ruming revisa e publica "Segredos da Terapia Tuina pediátrico".

A proliferação dos fundamentos do Tuina pediátrico ocorreu durante a dinastia Ming e Qing (1641-1211).

Em 1950 os grandes hospitais chineses recrutaram velhos praticantes de medicina tradicional chinesa e restauraram a prática das disciplinas médicas tradicionais.

O primeiro Simpósio de Tuina ocorreu na China na cidade de Shang Hai, em 1979, onde estabeleceu diversas sociedades de pesquisas e de massagem médica tradicional chinesa.

Características do Tuina Pediátrico

O Tuina pediátrico é particularmente efetivo para:

- Inabilidade da criança em sugar o leite da mãe.
- Regurgitação do leite.
- Choro noturno.
- Má nutrição infantil.
- Feridas na língua.
- Convulsão aguda e crônica.
- Vômito.
- Diarréia.
- Febre.
- Tosse.
- Conjuntivite.
- Enurese.
- Prolapso do reto.
- Gripe.
- Prisão de ventre.
- Distúrbio muscular da criança.
- Seqüela de pólio.
- Obstrução intestinal por vermes.

Como a terapia envolve a manipulação da superfície do corpo produzindo reações fisiológicas que restaura a função normal do corpo e fortalece a resistência a fatores patogênicos, ela é excelente terapêutica para fortalecer o sistema imunológico e tratar resfriados.

O período de tratamento é geralmente efetuado em três dias seguidos. Em casos mais graves se faz necessário um maior número de sessões por dia e um período mais longo.

Resultados instantâneos podem ser observados em gripe, tosse, regurgitação de leite, diarréia, constipação, retenção de urina e obstrução intestinal por áscaris.

É importante evidenciar que quanto mais a criança recebe Tuina, menos medicamentos ela utilizará. O que faz deste, um excelente método profilático favorecendo o desenvolvimento da criança.

Diagnóstico de pacientes infantis

No diagnóstico determinamos a natureza da doença baseado nos sintomas e sinais. Obter um diagnóstico correto é uma pré-condição de um tratamento apropriado.

Os métodos de diagnóstico em medicina chinesa consistem em: inspeção, auscultação e olfação (as duas são uma só etapa), interrogatório e palpação.

Como o pulso da criança é muito estreito (polegar-barreira-pé), não pode ser sentido com os três dedos do terapeuta, por isto deve ser tomado com o dedo polegar no sentindo longitudinal.

O interrogatório é feito aos pais e sempre levando em conta que as afecções exógenas podem causar asma, pneumonia, bronquite, e que a febre alta pode evoluir para convulsões.

Geralmente as crianças reagem melhor e mais rapidamente que os adultos, porque as suas funções fisiológicas são vigorosas e elas possuem menos interferência emocional.

Inspeção

Devemos observar na criança a manifestação da vitalidade, sua compleição, a língua, as excreções e secreções, etc.

Quando o bebê chora muito com suspiros profundos, provavelmente sente dor. Se o paciente possuir vitalidade (Shen), o prognóstico é favorável; se não, deparamos com um caso de difícil tratamento.

A perda da vitalidade é expressa por olhos caídos, respiração anormal, diarréia constante e perda de peso.

A vitalidade é percebida pelo brilho nos olhos, voz ou choro audível e claro, bom desenvolvimento corporal, respiração normal, movimento intestinal regular e boa urinação.

A) INSPEÇÃO DA APARÊNCIA

De acordo com a teoria da medicina chinesa, cada órgão interno corresponde a uma cor:

COR	ÓRGÃO CORRESPONDENTE
Azul	Fígado
Vermelho	Coração
Amarelo	Baço – Pâncreas
Branco	Pulmão
Negro	Rins

A face azulada está associada com convulsões, a face avermelhada com excesso de calor, a face amarelada com distúrbio do baço ou indigestão, a face branca relata deficiência e frio, a face escura denota dor severa. Descoloração azul e negra nos lábios indicam um sinal crítico, mostrando desconexão do Yin e do Yang.

B) INSPEÇÃO DOS OLHOS

Sabemos que os olhos são a manifestação da energia do fígado, entretanto ele é irrigado pela essência dos cinco órgãos:

- Olhos vermelhos: excesso de calor no fígado.
- Olhos embaçados com linhas vermelhas: sarampo.
- Olhos parados com olhar nebuloso: má nutrição infantil.
- Cegueira abrupta: exaustão do Yin e do sangue.
- Pupilas que se tornam pequenas e a esclerótica amarelada: denotam perda da função do baço e estômago, percebido nas doenças prolongadas de difícil cura.

C) INSPEÇÃO DA LÍNGUA

A língua segundo a medicina chinesa é a manifestação exterior da energia do coração. É importante observar se o revestimento da língua está normal. Em crianças é comum uma língua levemente úmida e gordurosa. Um revestimento seco e amarelo indica abundante calor interno.

D) INSPEÇÃO DAS ORELHAS

Na medicina chinesa a orelha é a manifestação exterior dos rins, onde os meridianos do triplo aquecedor e da vesícula biliar passam.

Orelhas vermelho-claras é sinal de abundante energia vital nos rins. Nesse caso o bebê melhorará rapidamente.

Quando a orelha vermelha é sensivelmente quente, indica invasão de vento ou frio. Vento endógeno no fígado e febre causam azulamento nas veias superiores da orelha. Desordens no meridiano da vesícula biliar com dor no ouvido causam otites e surdez.

E) INSPEÇÃO DOS LÁBIOS E DA BOCA

Sabemos que o baço se expressa nos lábios. Daí:

- Lábios vermelhos e escuros: calor acumulado no coração e no baço.
- Lábios pálidos: deficiência no baço e insuficiência do sangue.
- Lábios e boca avermelhados: excesso no fígado e deficiência de baço.
- Saliva no canto da boca: frio no baço.
- Lábios rachados: calor interno.

F) INSPEÇÃO DOS PÉS E DAS MÃOS

- Unhas arroxeadas: dor cardíaca.
- Unhas negras: exaustão do fígado.
- Convulsões: são caracterizadas por espasmos nas mãos e nos pés, com rigidez da coluna.

G) INSPEÇÃO DAS VEIAS DO DEDO INDICADOR

Esse método de diagnóstico foi primeiramente descrito por Qian Chong Yang, pediatra da dinastia Song (960-1279).

Descreve três partes do dedo indicador:

- Primeira falange: *"passagem do vento"* – Fengguan.
- Segunda falange: *"sessão da energia vital"* – Qiguan.
- Terceira falange: *"sessão do destino"* ou *"passagem da vida"* – Mingguan.

Devemos observar o entrelaçamento que aparece na face palmar do dedo indicador. Determinamos com isso, a natureza do agente patogênico e a capacidade de defesa da energia correta, o que nos permitirá fazer um diagnóstico e traçar o prognóstico.

A criança de colo (com menos de três anos de idade) possui o pulso muito pequeno, o que impossibilita a tomada do pulso radial corretamente. Utilizamos então este método como substituição para a tomada de pulso.

MÉTODO:

Tomar a extremidade do indicador da criança entre o seu polegar e o indicador, esfregar várias vezes levemente, da extremidade até a base do dedo da criança a fim de ressaltar as marcas do dedo.

OBSERVAR:

A) A COLORAÇÃO

Coloração normal: vermelho claro, aparece fracamente na sessão do vento.
Colorações que indicam patologias:
- Vermelho pálido: indica frio.
- Vermelho vivo: indica vento frio de origem externa.
- Púrpura: indica sintomas de calor.
- Púrpura escura: indica que os vasos estão obliterados.
- Azul: indica estado crítico – sintoma de doença grave e de dor. É um pródromo de convulsões.

B) O COMPRIMENTO

Quando os capilares são percebidos na sessão do vento, significa que o fator patogênico é superficial, a doença é benigna.

Quando aparece na sessão do Qi, significa que o Xie Qi aprofundou-se.

Se estiver na sessão do Destino significa que a doença é profunda e mais grave.

Se o capilar se estender sem interrupção até a unha, atravessando as passagens, a doença é gravíssima e crítica.

C) A PROFUNDIDADE

- Capilares superficiais e aparentes: doença de superfície.
- Capilares profundos: doença no interior.

AUSCULTAÇÃO E OLFAÇÃO

VOZ E SOM	SÍNDROME
Voz inicialmente forte e depois fraca	Afecção exógena
Voz inicialmente fraca e forte no final	Distúrbio interno

PALPAÇÃO

A) PULSO RADIAL

Principais pulsos observados na criança:

- Pulso superficial: aquele que é percebido quando se apalpa levemente a superfície do pulso. Se for superficial e forte, indica síndrome de excesso. Se for superficial e sem força indica síndrome de deficiência.
- Pulso profundo: percebido quando se pressiona até quase ao osso, indica afecção no interior. Se profundo e forte, indica síndrome de excesso no interior. Se for profundo e fraco, indica síndrome de deficiência no interior. Usualmente visto nos processos de indigestão e estagnação da energia vital.
- Pulso lento: quando menos de cinco batimentos por ciclo respiratório, indica síndrome de frio.
- Pulso lento com força: indica obstrução, síndrome de excesso.
- Pulso lento e sem força: indica frio e deficiência de Yang.
- Pulso rápido: mais de seis batimentos por ciclo respiratório, indica síndrome de calor.
- Pulso rápido e forte: indica excesso de calor.
- Pulso rápido e fraco: indica calor deficiente, deficiência de Yin.

B) PALPAÇÃO DA PELE

Observar secura ou transpiração da pele.

Uma pressão forte indica o grau de edemaciação. Ao pressionar a pele ela deve retornar imediatamente ao normal. Se apresentar uma depressão profunda é sinal de edema, o que indica mau funcionamento do baço.

Pressão leve causando dor e se a parte afetada está mole e quente, poderá haver formação de pus.

C) PALPAÇÃO DO ABDOME

A condição dos órgãos e vísceras é percebida pela palpação

MANIFESTAÇÃO	SÍNDROME
Abdome mole com melhora sob pressão	Deficiência ou frio
Abdome duro que agrava pela pressão	Excesso, calor
Dor superficial, abdome duro	Calor
Melhora pelo calor	Frio
Melhora pelo frio	Calor
Abdome distendido, sensação de um balão, se pressionado	Gases, disfunção de baço
Fluxo de líquido no abdome	Acúmulo de líquido

Meridianos e pontos de Acupuntura

I. Conceito

Jing Luo em Medicina Tradicional Chinesa é o termo genérico que engloba o complexo sistema de meridianos e ramificações. Jing tem o sentido de "via", "caminho", "canal". Os Jing são os ramos principais do sistema de meridianos. Luo significa "rede". Os Luo são as ramificações dos Jing que se cruzam em diagonais e se distribuem por todo o corpo. Os Jing Luo são as vias de circulação do Qi (energia) e do Xue (sangue). Internamente eles se comunicam com os órgãos e as vísceras (Zang fu) e externamente com a superfície corporal (pele, músculos, tendões, vasos, terminações nervosas) onde estão distribuídos os pontos de acupuntura.

II. Nomenclatura

Os meridianos se dividem em três categorias:
- Os meridianos comuns ou regulares (Jing Mai)
- Os meridianos particulares ou extraordinários (Qi Jing Mai)
- Os meridianos distintos ou separados (Jing Bie)

Existem doze meridianos regulares:
- Três meridianos *Yin* do braço
- Três meridianos *Yin* da perna
- Três meridianos *Yang* do braço
- Três meridianos *Yang* da perna

Em regra geral, são chamados os doze meridianos. Nestes estão localizados os pontos de acupuntura.

Estes doze meridianos estão relacionados com os órgãos e vísceras, pois são provenientes e se ligam a eles. Sua denominação vem desta relação.

Portanto temos o meridiano do pulmão, do intestino grosso, estômago, baço, coração, intestino delgado, bexiga, rins, pericárdio, triplo aquecedor, vesícula biliar e fígado.

Há os meridianos particulares que fazem uma circulação de Qi paralela, de apoio à circulação principal, veiculando um tipo específico de Qi, o que adquirimos na concepção. São oito, mas dois se relacionam diretamente com os meridianos principais, regulando-os.

São eles:

- *Du mai*, o vaso governador (VG), regulam os meridianos Yang, por isto é denominado o mar do Yang.
- *Ren mai*, o vaso da concepção (VC), regulam os meridianos Ying, por isto é chamado de mar do Yin.

III. Distribuição dos Quatorze canais na superfície do corpo

Cada um dos quatorze canais na superfície do corpo tem um trajeto próprio. Os doze canais estão distribuídos simetricamente no lado esquerdo e direito do corpo. Estes canais são pares. Os três canais *Yin* da mão, circulam do tórax à mão; os três canais *Yang* da mão, circulam da mão para a cabeça; os três canais *Yang* do pé, circulam da cabeça para o pé e os canais *Yin* do pé ao abdome e tórax. Os canais *Ren* e *Du* são canais ímpares e se originam na região perianal e ascendem ao largo da parte anterior e posterior da linha média do corpo respectivamente. A distribuição dos canais será explicada em três regiões do corpo:

1. Extremidades
2. Tronco
3. Cabeça, face e pescoço

1. EXTREMIDADES

Tanto os membros superiores como os inferiores podem dividir-se em duas partes: a média interna e a lateral externa. Nos membros superiores, o lado flexor (palmar) é a parte média e o lado extensor (dorsal) é a parte lateral; nos membros inferiores, o lado tibial corresponde ao médio e ao lado. Os canais *Yang* estão na parte lateral dos membros, e os canais *Yin* na parte média. A ordem dos três canais *Yang* da mão e do pé é a seguinte: Os canais *Yangming* estão situados na parte anterior, os canais *shaoyang*, na parte média e os canais *taiyang*, na parte posterior. Respectivo a distribuição dos três canais *Yin* da mão e do pé, os canais *taiyin* estão situados na parte anterior, os canais *jueyin*, na parte média e os canais *shaoyin*, na parte posterior.

2. TRONCO

A distribuição dos quatorze canais situados no tronco é a seguinte:

CANAIS	ZONA DE DISTRIBUIÇÃO
Canal do pulmão *Taiyin* da mão	Na parte superior-lateral do tórax
Canal do pericárdio *Jueyin* da mão	Na parte lateral do peito (linha média clavicular)
Canal do coração *Shaoyin* da mão	Na axila
Canal do intestino grosso Yangming da mão	Na parte anterior do ombro
Canal do *Sanjiao Shaoyang* da mão	Na parte superior do ombro
Canal do intestino delgado *Taiyang* da mão	Na região escapular
Canal do estômago *Yangming* do pé	Na segunda linha lateral do tórax e do abdome
Canal da vesícula biliar *Shaoyang* do pé	Na parte lateral da região lombar e do hipocôndrio
Canal da bexiga *Taiyang* do pé	Na primeira e segunda linhas lateral das costas

Continua...

Continuação...

Canal do baço *Taiyin* do pé	Na terceira linha lateral do tórax e do abdome
Canal do fígado *Jueyin* do pé	Na região genital externa e do hipocôndrio
Canal do rim *Shaoyin* do pé	Na primeira linha lateral do tórax e do abdome
Cana *Du*	Na linha média posterior
Canal *Ren*	Na linha média anterior

3) A CABEÇA, FACE E PESCOÇO

CANAIS	ZONA DA DISTRIBUIÇÃO
Canal do intestino grosso Yangming da mão	No pescoço, nos dentes inferiores e na parte lateral da aba nasal
Canal do triplo aquecedor Shaoyang da mão	No pescoço, na região posterior à aurícula e extremo da sobrancelha
Canal do intestino delgado Taiyang da mão	No pescoço, na região zigomática e interior do ouvido
Canal do estômago Yangming do pé	Na região infra-orbital, nos dentes superiores, na face e na parte anterior do pescoço
Canal da vesícula biliar Shaoyang do pé	No ângulo externo do olho, na região temporal, na segunda linha lateral da cabeça e na parte posterior do pescoço
Canal da bexiga Taiyang do pé	No ângulo interno do olho, na primeira linha lateral da cabeça e na parte posterior do pescoço
Canal Du -vaso governador	Na linha média da cabeça e nuca, frênulo do lábio superior
Canal Ren - vaso da concepção	Na linha média anterior do pescoço e sulco mento-labial

DISTRIBUIÇÃO DOS 14 MERIDIANOS
(Aspecto Anterior do Corpo)

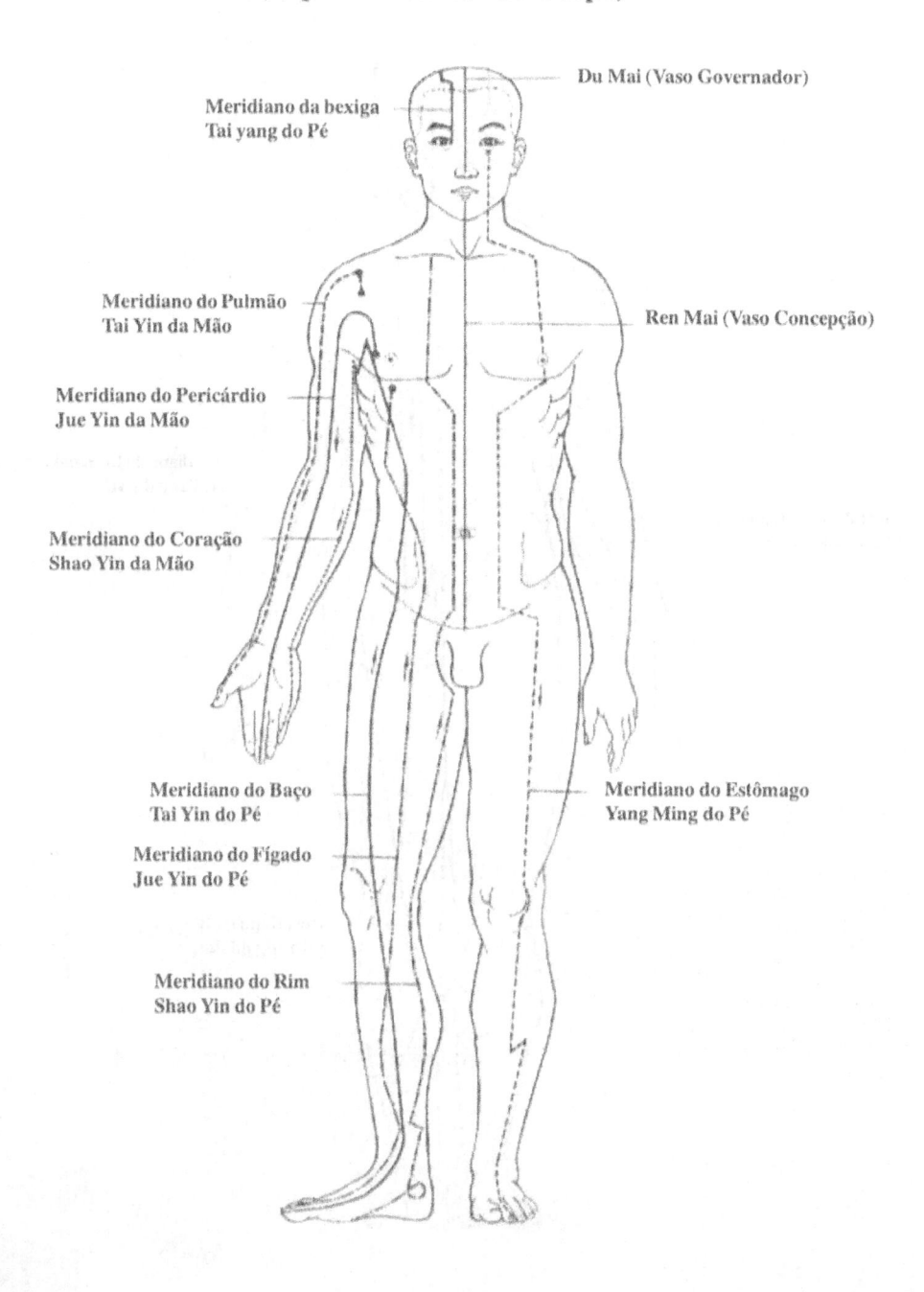

Du Mai (Vaso Governador)

Meridiano da bexiga
Tai yang do Pé

Meridiano do Pulmão
Tai Yin da Mão

Ren Mai (Vaso Concepção)

Meridiano do Pericárdio
Jue Yin da Mão

Meridiano do Coração
Shao Yin da Mão

Meridiano do Baço
Tai Yin do Pé

Meridiano do Estômago
Yang Ming do Pé

Meridiano do Fígado
Jue Yin do Pé

Meridiano do Rim
Shao Yin do Pé

DISTRIBUIÇÃO DOS 14 MERIDIANOS
(Aspecto Posterior do corpo)

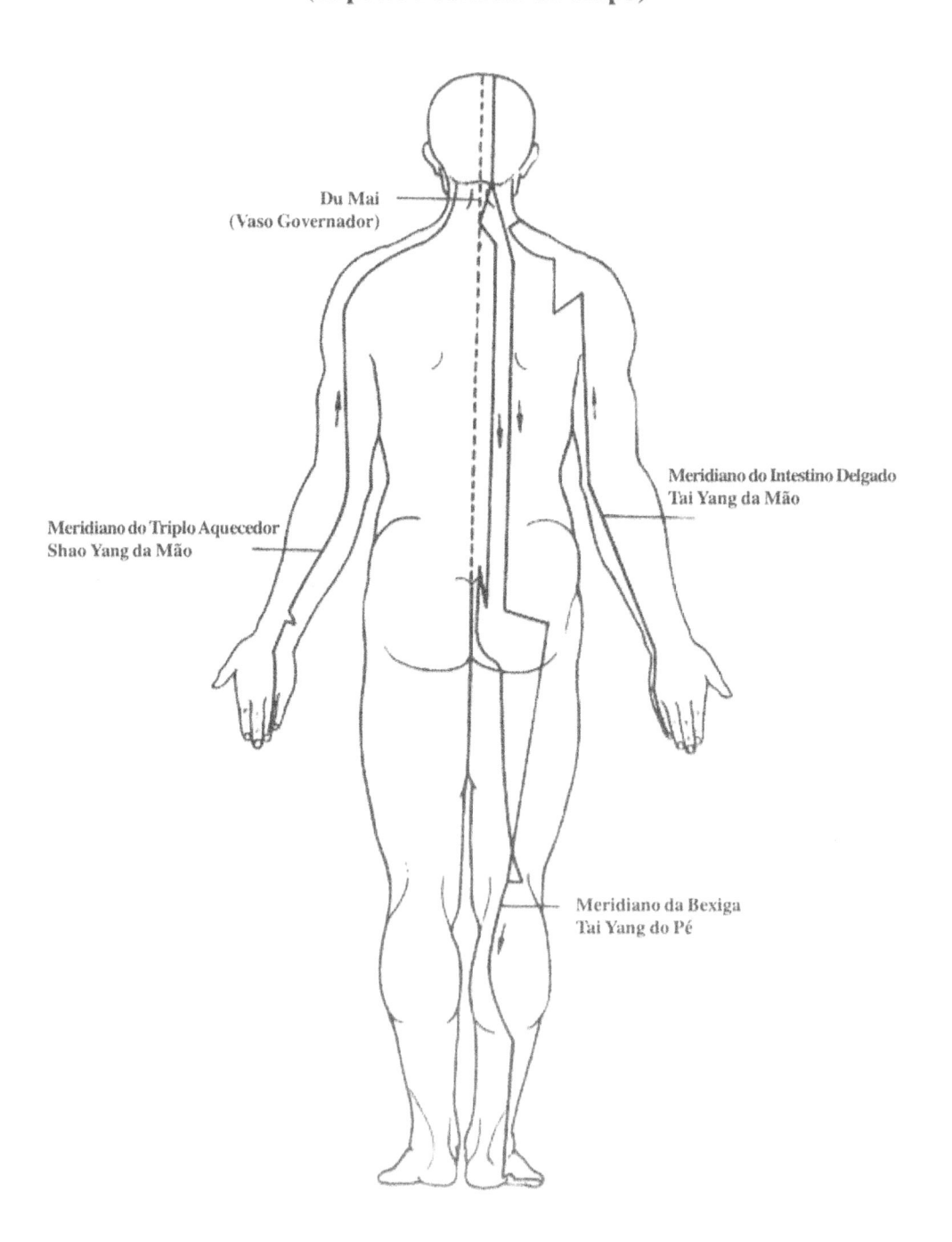

Du Mai
(Vaso Governador)

Meridiano do Intestino Delgado
Tai Yang da Mão

Meridiano do Triplo Aquecedor
Shao Yang da Mão

Meridiano da Bexiga
Tai Yang do Pé

DISTRIBUIÇÃO DOS 14 MERIDIANOS
(Aspecto Lateral do corpo)

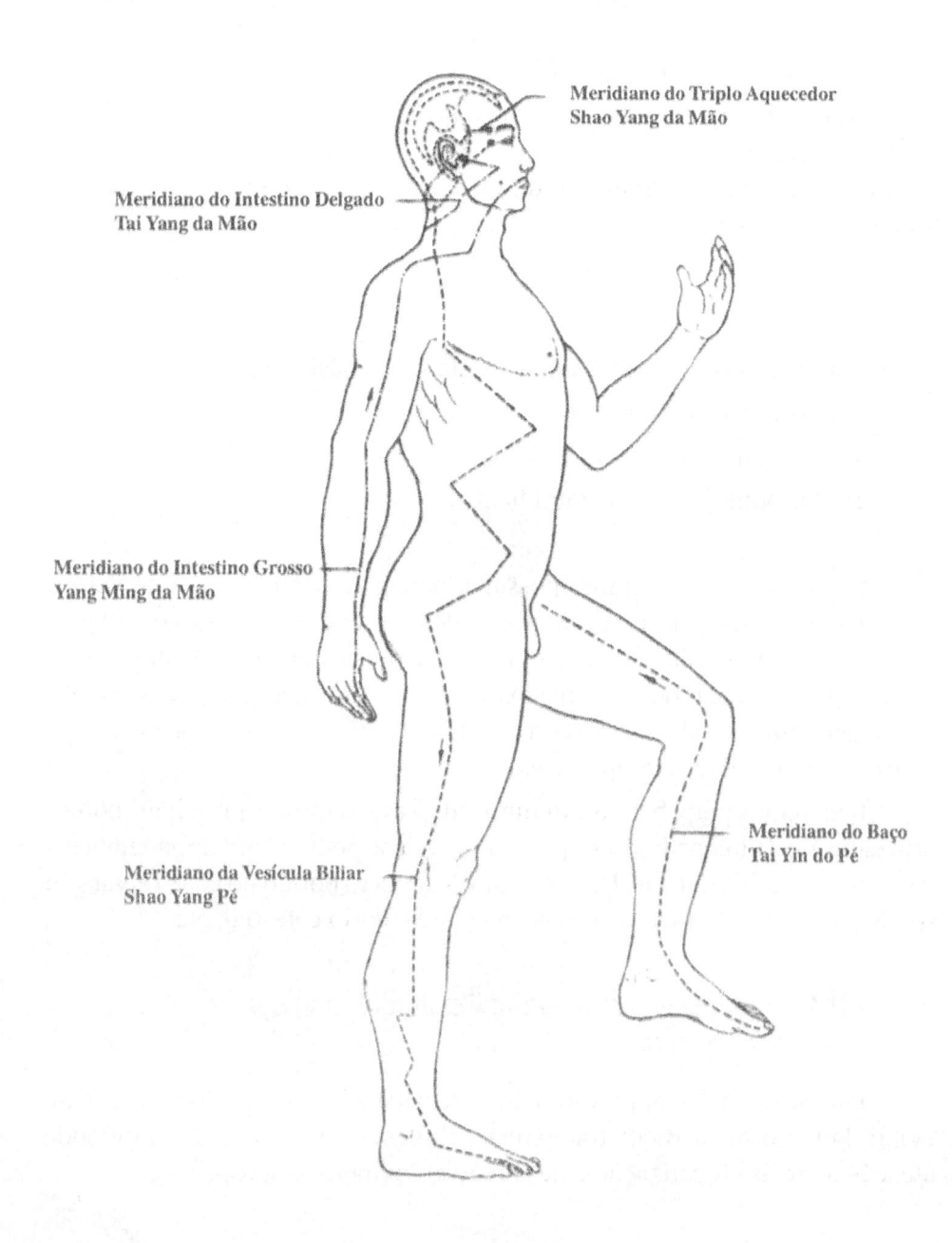

Meridiano do Triplo Aquecedor
Shao Yang da Mão

Meridiano do Intestino Delgado
Tai Yang da Mão

Meridiano do Intestino Grosso
Yang Ming da Mão

Meridiano do Baço
Tai Yin do Pé

Meridiano da Vesícula Biliar
Shao Yang Pé

IV. OS PONTOS DE ACUPUNTURA

A) CONCEITO

Os pontos são locais específicos onde o Qixue dos canais se externaliza e se comunica com a superfície. Quando o corpo humano é afetado por alguma enfermidade pode-se tratá-la estimulando os pontos previamente escolhidos para regular a circulação do Qixue nos canais, através de massagem, agulhas, estímulo elétrico, estímulo térmico, etc.

Os caracteres chineses para ponto de acupuntura significam respectivamente "transporte" e "orifício". Os pontos de acupuntura não são somente os caminhos para a circulação do Qi e sangue, mas também os locais de tratamento de doenças.

B) CLASSIFICAÇÃO

Classificamos os pontos em três categorias básicas:
a) Os pontos dos quatorze meridianos.
b) Os pontos ashi (local doloroso).
c) Os pontos fora dos meridianos.

Os pontos de acupuntura possuem nomes e localizações bem definidos. Muitos destes pontos foram nomeados por analogia ao fluxo da água, montanhas e vales ou analogia a animais, plantas e utensílios, analogia a estruturas arquitetônicas ou a fenômenos astronômicos e meteorológicos. Muitos foram denominados de acordo com sua localização anatômica ou de acordo com suas propriedades terapêuticas.

Poderemos perceber no capítulo onde localizamos os principais pontos utilizados no Tuina pediátrico que os nomes dos pontos correspondem a estas analogias e referências. Por exemplo: Tianmen, portão do céu; Taiyang, o sol; Xiyan, olhos do joelho; Tianheshui, água do rio celestial, etc.

C) MÉTODO DE LOCALIZAÇÃO DOS PONTOS DE ACUPUNTURA

Para se obter um bom resultado, será necessário a exata localização do ponto. Por isto os médicos tradicionais chineses do passado deram grande atenção a precisa localização e desenvolveram método apropriado.

Criou-se então, uma medida padronizada, a medida proporcional do corpo humano.

MEDIDAS PROPORCIONAIS:

Encontramos o mais antigo registro sobre medidas proporcionais no Nei jing, especificamente no Lingshu, Cap.14. Neste clássico, a largura ou comprimento de várias porções do corpo humano são divididos respectivamente em números definidos de unidades iguais como padrão para medições proporcionais. Este padrão é aplicável a qualquer paciente, independente do sexo, idade e tamanho do corpo.

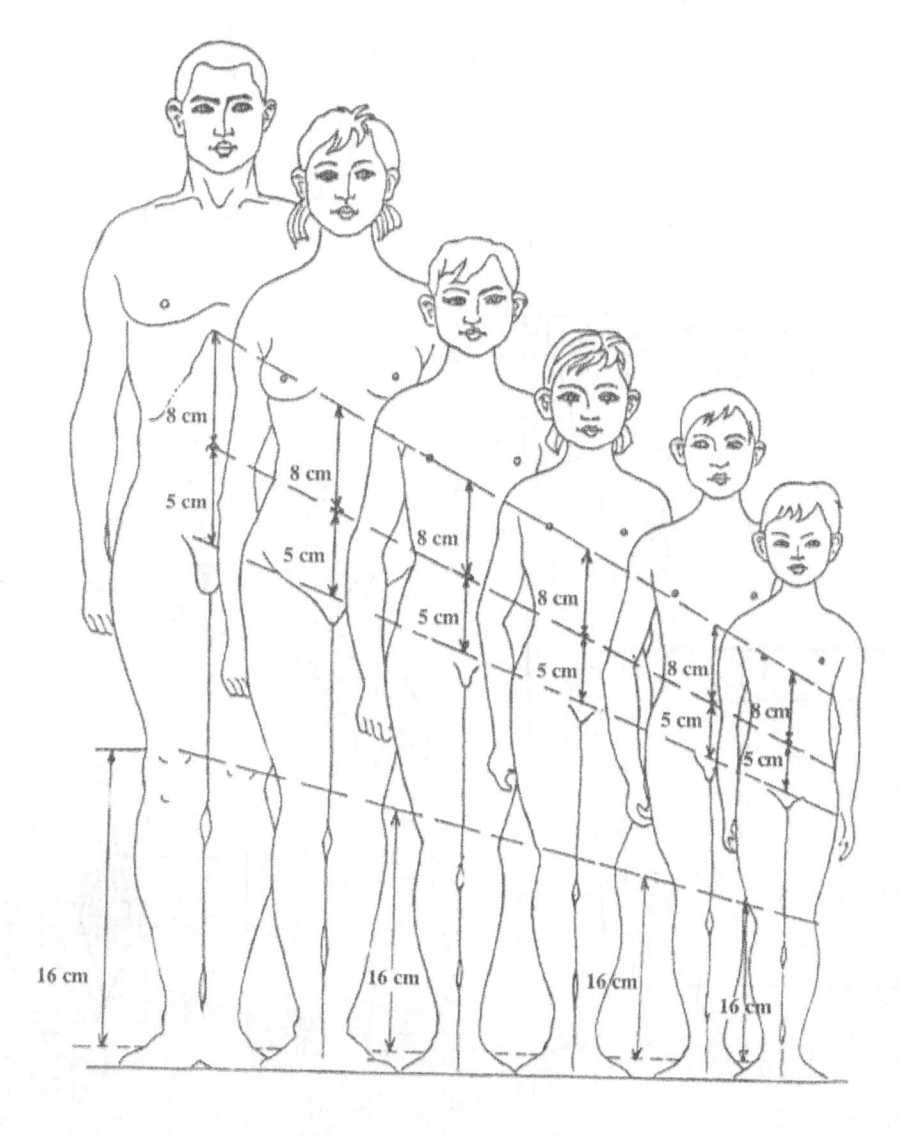

31

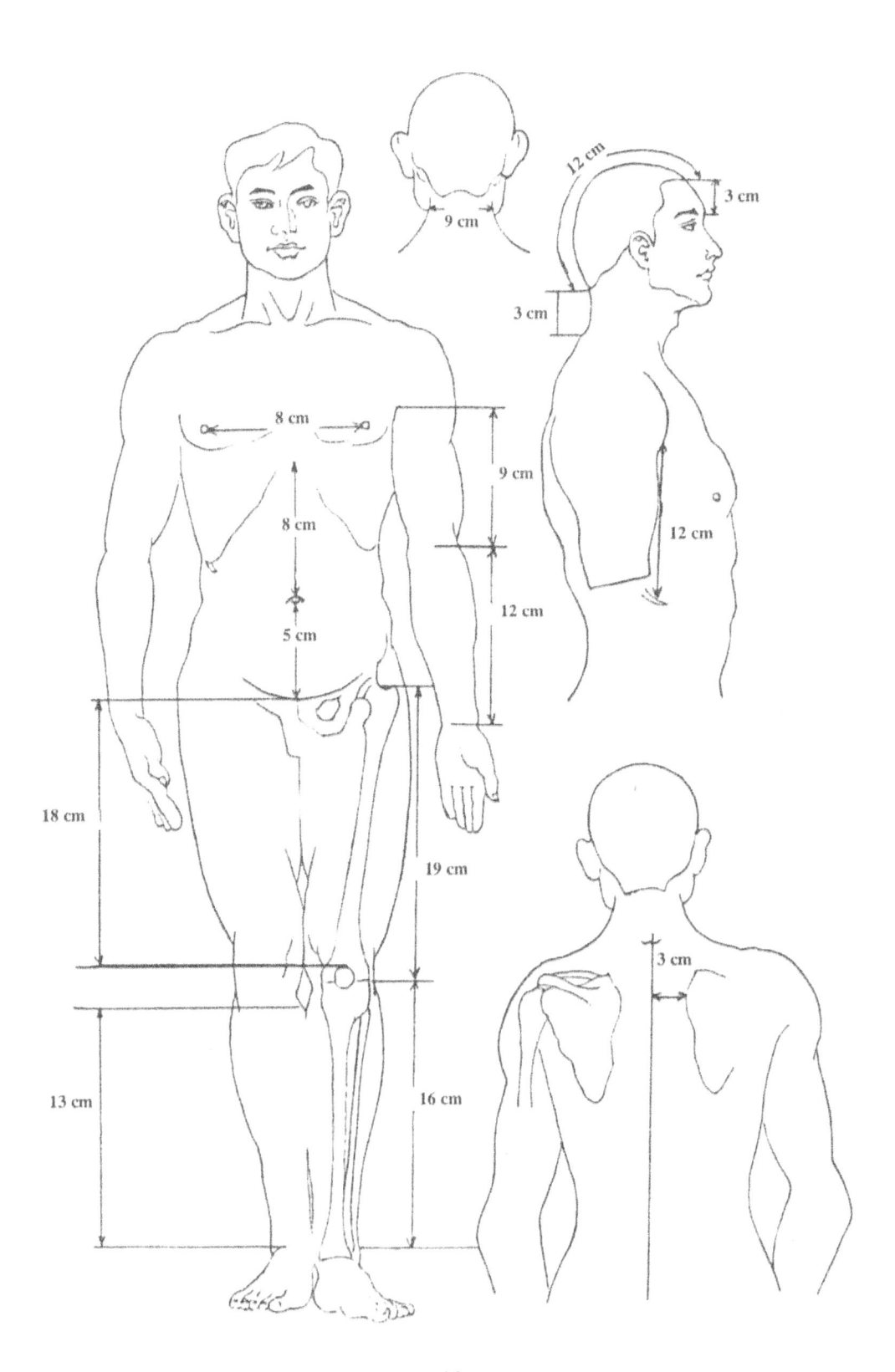

LIMITES ANATÔMICOS

Vários limites anatômicos são utilizados como parâmetro para localizar os pontos.

Dividimos este limite em duas categorias:

a) Limites fixos. São aqueles que não podem ser mudados com o movimento do corpo. Eles incluem os cinco órgãos do sentido, cabelo, unhas, mamilo, umbigo e protuberâncias e depressões ósseas. Ficando fácil localizar o ponto, como por exemplo: Yintang, entre as sobrancelhas, Suliao (VG 25) na ponta do nariz e Shenque (VC 8) no meio do umbigo.

b) Limites móveis. Limites móveis referem-se àqueles que somente aparecem quando uma parte do corpo fica em uma posição específica. Por exemplo, quando o braço está flexionado e a dobra ulnar aparece, o ponto Quchi (IG 11) pode ser localizado quando o punho é fechado e a dobra palmar transversal aparece, o ponto Houxi (ID 3) pode ser localizado.

MEDIÇÃO PELO DEDO

O comprimento e largura do dedo do paciente são usados como padrão para a localização dos pontos.

São três os métodos mais utilizados:

a) Medida pelo dedo médio. Quando o dedo médio do paciente é flexionado, a distância entre as duas finais mediais das dobras das juntas interfalangianas é chamada de "um cun" (pronuncia-se tsun). Este método é usado para medição da distância vertical para localizar os pontos dos membros dos meridianos Yang, ou para medição da distância horizontal para localizar os pontos nas costas.

b) Medição pelo polegar. A largura da articulação interfalangiana do polegar do paciente é também chamada de cun. O método é também usado para a medição da distância vertical para localizar os pontos nos membros.

c) Medição pelos quatro dedos. A largura dos quatro dedos (indicador, médio, anular e mínimo) juntos ao nível da dobra dorsal da pele próxima a articulação interfalangiana do dedo médio é proporcional a três cun. É uma medida proporcional utilizada para localizar os pontos nos membros e na região abdominal.

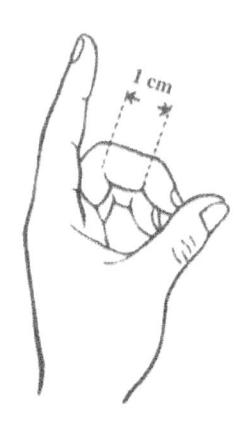

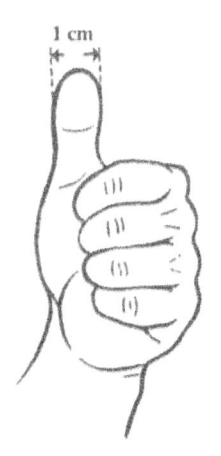

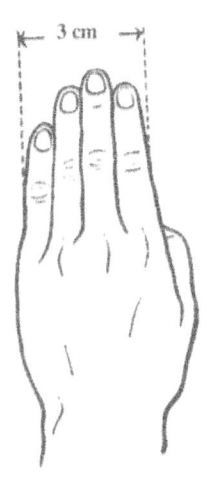

Diversos tipos de massagem chinesa

Podemos dividir a massagem chinesa em quatro categorias principais, dependendo das técnicas utilizadas.

Temos a Pu Tong An Mo (massagem geral), Tui Na An Mo (massagem profunda), Yan Xue An Mo (massagem de pressão dos pontos) e a Qi An Mo (massagem com uso da energia).

Massagem Geral — Pu Tong An Mo

Esta categoria de massagem é muito popular na China, podemos classificá-la como massagem de relaxamento. Suas técnicas são fáceis de serem aprendidas, não necessitando de muito conhecimento médico ocidental e oriental. Não trata de enfermidades, portanto não é necessário maior aprofundamento dos conhecimentos e conceitos médicos tradicionais chineses.

Muitos dos que a praticam são cegos, e assim o fazem para relaxar as pessoas nos grandes centros chineses. A razão para isto talvez se encontre por eles possuírem maior sensibilidade tátil, e também pela impossibilidade de enxergar fazem com que as pessoas se sintam menos inibidas ao se entregar seus corpos ao toque.

As finalidades deste tipo de massagem são:

A) Relaxamento

Relaxamento tanto físico quanto mental. Esta massagem tranqüiliza a mente agitada, relaxa o corpo físico e faz com que o Qi e o sangue circule com mais fluidez.

É bastante útil nos casos de insônia, distúrbios de ansiedade, estresse, hipertensão arterial leve e demais problemas de origem psicossomática.

B) RECUPERAÇÃO DE EXTREMO CANSAÇO FÍSICO (FADIGA)

Especialmente aqueles relacionados a trabalho excessivo, pesado. Nestes casos ocorrem acúmulos de lactatos nos músculos, produzindo dores e inflamações. Com esta massagem recupera-se a circulação do QI e do sangue, recuperando os músculos eliminando os ácidos acumulados.

C) PREVENÇÃO DE ENFERMIDADES

Uma das principais ações deste tipo de massagem é a profilaxia. O relaxamento físico e mental, bem como a desobstrução do fluxo de energia e sangue nos meridianos, faz com que os órgãos internos exerçam suas atividades funcionais de produção, armazenamento das substâncias vitais com maior capacidade, mantendo o organismo mais saudável e produtivo.

D) ATRASAR O ENVELHECIMENTO

Nutrir as células com sangue e energia, como também manter a mente em perfeita harmonia com o corpo, permite que os tecidos se tornem macios, umedecidos e jovens. O envelhecimento ocorre quando perdemos a capacidade de renovar nossas células com substâncias vitais que a umedeçam e as vitalize.

E) AGILIZAR A RECUPERAÇÃO DE NOSSO CORPO FRENTE A MUDANÇAS BRUSCAS DO NOSSO MEIO AMBIENTE

Quando o nosso meio varia bruscamente, e isto tem ocorrido com maior freqüência na sociedade moderna, por questões ambientais relacionadas a poluição e destruição do meio ambiente, o Qi de nosso corpo muitas vezes não é capaz de se adaptar a estas mudanças repentinas. Seja mudanças climáticas ou mesmo as necessidades de viagens a lugares distantes que envolvam mudanças de clima, hora ou altitude. Este tipo de massagem vem nos ser útil a esta necessidade de adaptação frente a estas mudanças.

F) PRAZER

Muitas pessoas procuram massagens por puro prazer, não sofrem de mal algum, mas fazem porque gostam e sentem bem.

Hoje em dia, diversos tipos de massagens estão ao alcance da pessoa comum, e a massagem chinesa tem ganho muito espaço por sua capacidade de harmonizar mente e corpo.

MASSAGEM PROFUNDA, DE EMPURRAR E AMASSAR — TUI NA AN MO

Comumente conhecida por Tui Na. Como vimos literalmente empurrar e agarrar. O Tui Na tem dois objetivos básicos. O primeiro é o tratamento de lesões e o segundo, o tratamento de enfermidades, em especial das crianças pequenas.

Inicialmente na China era muito usado pelos artistas marciais que tratavam das lesões sofridas durante os treinos. Este tipo de Tui Na chamava-se Dieda, que significa golpe de queda, o que indica ser um tratamento especial para lesões produzidas ao cair ou levar algum golpe. Esta arte trata, sobretudo feridas externas, contusões, deslocamentos, estancamentos de Qi por lesões antigas, fraturas e distúrbios de tecidos moles.

Durante a dinastia Song (960-1126), parte do Tui Na de um médico consistia em realinhar os ossos e se chamava "Zheng Gu Ke" ou "alinhamento de osso". Na dinastia Ming (1368-1644) esta prática chamava-se "Jie Gu Ke" que significa "conectar ossos". Pode-se inferir que o Tui Na trata somente de problemas ósseos, mas não é verdade, como os problemas de ossos se encontram entre as lesões externas mais graves, estes dois termos têm sido muito usados, para denominar o Tui Na. No sul da China, Taiwan e na província de Fujian, o Tui Na ou Zhen Gu também é conhecido como "Cao Jie", que significa "manipular para conectar". Isto dá uma idéia geral de como é difícil determinar com exatidão o significado de um nome, especialmente de uma outra cultura, bem diferente da nossa. Existem documentos que comprovam que o Tui Na já era utilizado desde a dinastia Ming (1368) para curar enfermidades das crianças e de vez em quando de adultos. A razão disto é clara, pois a criança pequena rejeita a acupuntura por medo das agulhas e a dificuldade de permanecer quieta, mas aceita mais facilmente a massagem. Por este motivo, hoje em dia somente os médicos tradicionais chineses praticam o Tui Na, pois necessitam de formação para diagnosticar e curar enfermidades.

MASSAGEM DE PRESSÃO DOS PONTOS – YAN XUE AN MO

O termo "Yan Xue" significa literalmente cavidade ou ponto de acupuntura. No Ocidente esta modalidade da massagem chinesa é conhecida como acupressura, consistindo em pressionar e estimular os pontos de acupuntura, perfazendo um total de mais de setecentos. Com o tempo os chineses perceberam que deste total, uns cento e oitenta pontos se prestavam para serem estimulados com os dedos, em forma de pressão, conseguindo com isto o estímulo dos órgãos internos. Por esta razão o Yan Xue An Mo está mais indicado para tratar enfermidades e ajustar o fluxo do Qi nos canais. O Yan Xue é a fonte inspiradora dos japoneses na criação do Shiatsu: Shi (dedo), atsu (pressão).

É necessário um conhecimento profundo do fluxo do Qi, a localização correta dos pontos e sua correlação com os órgãos internos.

O Tui Na se diferencia do Yan Xue, por trabalhar sobre áreas localizadas sobre os canais, e o Yan Xue trabalha especificamente sobre os acupontos.

Os praticantes de arte marcial estudaram com afinco o Yan Xue, tanto na recuperação da saúde quanto para enfraquecer os seus oponentes com golpes sobre os pontos vitais do organismo, chegando a possuírem tamanho conhecimento de pontos e áreas que golpeados podem levar até a morte.

Hoje em dia os médicos tradicionais chineses se especializam tanto em Yan Xue, quanto em Tui Na; o que nos leva a encontrar muitas vezes a associação dos dois termos, "Yan Xue Tui Na".

MASSAGEM DE ENERGIA – QI AN MO

Também conhecida como "Wái Qi Liao Fa", literalmente "curar com o Qi externo". Caracteriza-se pela emissão da energia do terapeuta, sem contato físico algum com o paciente. Não se utiliza a Pressão (An), nem a frotação (Mo), o que para muitos não se considera massagem. No mundo atual, diversas técnicas surgiram com a mesma característica, o Reiki japonês; a cura pânica; os passes espíritas, etc. Entretanto nenhuma destas técnicas possuem fundamentos teóricos tão profundos e uma sistematização acadêmica como o Qi An Mo.

Podemos subdividir o Qi An Mo em duas modalidades: a que se toca a pele e a que não se toca. A que se toca a pele utiliza as técnicas do Yan Xue, pressão sobre os acupontos e emite energia Qi ao ponto pressionado, utilizando o próprio Qi do terapeuta para nutrir o paciente. É importante salientar que o paciente desta modalidade deve possuir um excelente treinamento em Qi Gong para que não absorva os desequilíbrios energéticos do paciente.

O segundo método de Qi An Mo, consiste em emitir energia através das pontas dos dedos e/ou pontos energéticos do centro da mão (Lao Gong), a porta de onde o nosso próprio Qi se comunica com o exterior; para concentrar o QI nos pontos ou regiões a serem tratadas. Utiliza-se o próprio Qi para harmonizar o paciente sem tocá-lo. Como não há contato, apesar de também harmonizar o fluxo de Qi, esta modalidade muitas vezes não é considerada massagem.

Aplicação clínica e manobras de uso habitual

As manobras aqui mencionadas são utilizadas somente para doenças agudas ou crônicas de crianças com idade abaixo de cinco anos. Tratam gripe comum, tosse, bronquite, febre, orquite, caxumba, conjuntivite aguda, convulsão aguda ou crônica, subnutrição infantil, constipação, diarréia, disenteria, enurese, prolapso do reto, torcicolo, paralisia infantil, entre outras.

Tópicos que merecem atenção

1) Antes do tratamento, o profissional deve obter um diagnóstico correto de acordo com a condição da criança enferma. Se necessário, o diagnóstico deve ser feito com a ajuda dos métodos da medicina moderna e então os princípios terapêuticos e prescrições são determinados.

2) O profissional deve compreender o princípio terapêutico: aliviar o aspecto secundário em um caso urgente e remover o aspecto primário em um caso crônico ou tratar o aspecto primário e secundário ao mesmo tempo.

3) As manobras devem ser estimulantes, mas moderadas, macias, mas aprofundadas, penetradas com apropriada suavidade, peso, rapidez e lentidão. O número de vezes de execuções de cada manobra para cada ponto ou área, deve ser baseado na idade, condição da constituição física e da doença da criança enferma. Geralmente se executa de 100 a 300 vezes para manobras de pressionar e três a sete vezes para manobras de "puxar com a pontinha dos dedos".

4) De maneira geral, deve-se primeiramente manipular os pontos principais e posteriormente os pontos secundários.

5) Inicie com uma estimulação suave, passando para uma estimulação mais forte, fazendo com que a criança coopere com o profissional.

6) Uma manipulação suave deve ser aplicada para evitar machucar a pele da criança, geralmente utilizamos um meio para facilitar a estimulação. Talco é geralmente usado nas quatro estações do ano, água de raiz de cebolinha e de hortelã são usados no outono e verão ou de acordo com a etiologia da doença.

Principais manobras do Tuina pediátrico

1. Zhituifa (Empurrar)

É uma manobra mestre para doenças pediátricas, incluindo empurrar com o dedo polegar, com o dedo indicador e com os dedos do meio lado a lado. Empurrar dividindo com os dois polegares e empurrar rotativamente com o polegar.

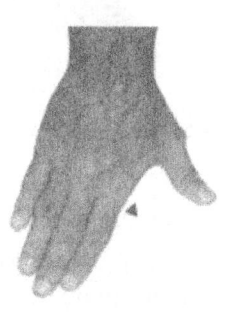 

2. Roufa (Massagear / amassar)

Massageie um ponto ou área selecionada na superfície do corpo com o polegar ou os dedos do meio e o dedo indicador.

3. YUNFA (REVOLVER)

Movimento semicircular, revolve um ponto ou área selecionado na superfície do corpo da esquerda para a direita ou direita para a esquerda. Revolvendo em sentido horário é o método que dispersa e anti-horário é o método que tonifica.

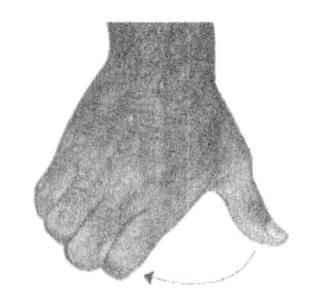

4. QUIA-FA (PUXANDO COM A PONTINHA DO DEDO)

Puxe um ponto selecionado profundamente e vagarosamente com a pontinha do polegar. A força aplicada deve ser gradualmente aumentada, mas a pele da criança não pode ser machucada ou dilacerada.

5. JIFA (ESPREMENDO — BELISCANDO)

Belisque a pele de uma área ou ponto selecionado e esprema na direção voltada para o centro, simultaneamente com os polegares e o dedo indicador das duas mãos e então relaxe os dedos. A manobra deve ser potente, rápida e repetida até que uma cor avermelhada ou congestão ocorra na área ou ponto. Esta manobra pode tirar o calor, reduzir febre e aliviar inflamação.

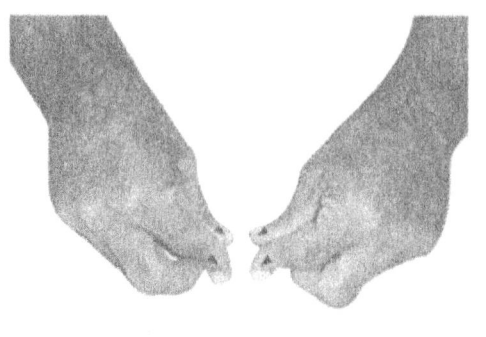 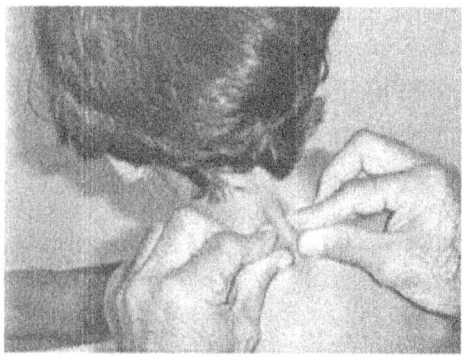

6. Niefa (Beliscar — coluna)

Beliscando, torcendo, levantando e esfregando são organicamente combinados para formar esta manipulação, o que é também conhecido por "terapia de beliscar a coluna". Aplique força nos polegares e indicadores das duas mãos simetricamente, belisque a pele do Guiwei até Dazhui (VG 14), repita a manobra por 3 a 5 vezes. Esta manobra pode tratar desordens do sistema digestivo e fortalecer o sistema imunológico.

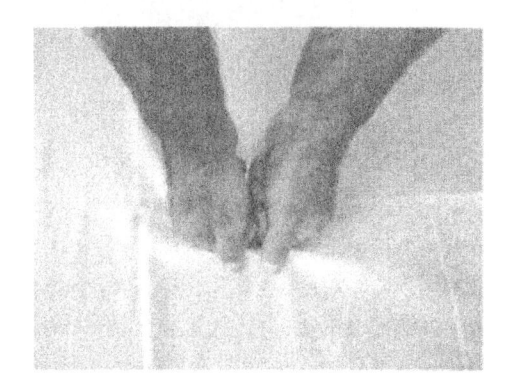 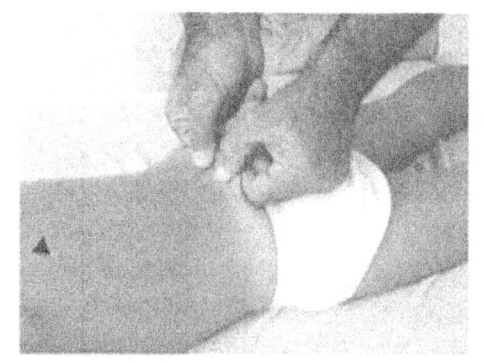

CLASSIFICAÇÃO DE FUNÇÕES PARA VARIADAS MANIPULAÇÕES

RETIRAR O CALOR E ALIVIAR SÍNDROME EXTERIOR

MANOBRAS:

* Empurrar: Tianmen, Kangong, Tianheshui, Liufu, Xinjing e Jizhu e "Pescando com a lua debaixo d'água".
* Massagear (amassar): Ershanmen, Zhangxiaohengwen, "Marimbondos entrando em caverna".
* Puxar com as pontinhas dos dedos, massagear: Laolong, pontos do Tianting até Chengjiang (VC 24).
* Empurrar - massagear: Yongquan (R l), Banmen, "Transportando terra para a água".
* Empurrar - esfregar: Xiaohengwen.
* Empurrar - massagear: Dazhui (VG 14), Wailaogong.
* Massagear - revolver (girar): Taiyang.

REGULANDO E TONIFICANDO OS ÓRGÃOS DO ZANG - FU

* Empurrar: Sanguan, Liufu, Yin –Yang, Ganjing, Shenjing, Pijing, Dachang, Ying-Yang abdominal , "Pescando a lua dentro d'água".
* Massagear: Dantian.
* Empurrar - beliscar: Jizhu.

- Empurrar - massagear: Erma, Feishu (B 13).
- Revolver: Neibagua.
- Massagear - esfregar em movimento circular: Duqi
- Puxar com as pontinhas dos dedos - massagear: Wuzhijie

PROMOVER DIGESTÃO E REMOVER RETENÇÃO DE ALIMENTOS INDIGESTOS

- Empurrar: Ying-Yang abdominal, Pijing, Dachang, Jizhu.
- Massagear - esfregar em movimentos circulares: Zhongwan (VC 12), Duqi.
- Massagear: Tianshu (E 25).
- Apertar (segurar): Dujiao.
- Puxar com a pontinha dos dedos - massagear: Jingning , Sihengwen, Zusanli (E 36).
- Empurrar-massagear: Houchegsan, Banmen.
- Empurrar - esfregar: Xiaohengwen.
- Revolver: Neibagua.

REGULAR O ESTÔMAGO PARA PRENDER O VÔMITO

- Massagear - apertar: Tiantu (VC 22).
- Pressionar: Yin - Yang abdominal, Pijing, Tianzhugu, Banmen.
- Massagear - esfregar em movimento circular: Zhangwan (VC 12).
- Empurrar: Wailaogong.
- Puxar com as pontinhas dos dedos – massagear: Laolong.
- Girar e esfregar em movimento circular: Xielei.

ALIVIAR ESPASMOS E DOR

- Massagear - revolver: Taiyang.
- Massagear: Tianshu (E 25).

- Apertar (agarrar): Dujiao.
- Pressionar - massagear: Baichongwo, Zusanli (E 36).
- Empurrar-massagear: Houchengshan.
- Empurrar: Liufu.
- Puxar com as pontas dos dedos - massagear: pontos do Tianting até Chejiang (VC 24), Weiling.

INDUZIR RESSUSCITAÇÃO E REFRESCAR A MENTE

- Empurrar: Xinmen, Tianmen, Kangong.
- Puxar com as pontinhas dos dedos – massagear: pontos do Tianting até Chengjiang (VC 24), Weiling, Laolong, Jingning.
- Massagear – revolver: Taiyang, Erhougaogu.
- Pressionar – massagear: Yaguan, Baichongwo, Baihui (VG 20).

ALIVIANDO CONVULSÃO E ACALMANDO A MENTE

- Empurrar: Xinmen, Tiancheshui, Ganjing.
- Massagear: Ermen (TA 21).
- Apertar (segurar) - massagear: Guiyan
- Pressionar - massagear: Baihui (VG 20), Zongjin.
- Massagear - revolver: Erhougaogu.
- Puxar com as pontinhas do dedo - massagear: Weiling, Wuzhijie, Laolong.
- Massagear: Ershanmen.
- Empurrar - massagear: Zongjin.
- Puxar com as pontinhas dos dedos - socar: Xiaotianxin.

ESQUENTAR YANG PARA EXPELIR FRIO

- Massagear - esfregar em movimento circular: Duqi.
- Pressionar - massagear: Guiwei, Yiwofeng, Wailaogong.
- Empurrar: Qijiegu, Sanguan.

Regular o fluxo do Qi e eliminar Catarro (muco)

- Massagear - apertar: Tiantu (VC 22).
- Empurrar - massagear: Shanzhong (VC 19).
- Empurrar - raspar: Tianzhugu.
- Pressionar - massagear: Feishu (B 13), Erma.
- Girar - esfregar em movimento circular: Xielei.
- Puxar com as pontas dos dedos - massagear: Jingning.
- Empurrar: Feijing.
- Massagear: Zhangxiaohengwen, Ruzhong (E 17), Rugen (E 18).

Relaxando os intestinos e induzindo diurese

- Pressionar - massagear: Guiwei.
- Empurrar: Qijigu, Dachang, Xinjing, Feijing, Xiaochang, Jimen, Shenjing, Yongquan.
- Puxar com as pontinhas dos dedos - socar: Xiaotianxin, transportando água para a terra.

Suavizando e dissolvendo massas

- Massagear - esfregar: Qiaogong.
- Massagear - esfregar com movimento circular: Duqi, Zhongwan (VC 12).
- Apertar (segurar): Dujiao.
- Massagear - espremer: Tiantu (VC 22).

ALIVIAR A RIGIDEZ MUSCULAR E ATIVAR O COLATERAL

•Massagear - esfregar: Qiaogong.

•Apertar (segurar): Jianjing.

•Pressionar - massagear: Dazhui (VG 14), Zongjin, Jiewi (E 41).

•Puxar com as pontinhas dos dedos - massagear: Weiling.

Na China antiga era comum utilizar de artifícios como poemas e músicas para memorizar seqüências de tratamento e indicação terapêutica.

Este velho canto foi escrito para que possamos acalmar e aliviar dores das crianças:

"Quando estiver massageando uma criança, cuide de seu toque".

Puxe Xinjing, Neilaogong e a transpiração vai ocorrer.

O mesmo para Ershanmen para uma boa transpiração transbordar.

Empurre Dachang com força para diarréias. Enterre o polegar em Hukou. Esparrame Yin – Yang e ponha força em Feijing para a tosse.

Entre Li e Qian você alivia Neibagua. Neibagua suaviza o peito, Sihengwen agita Qi e o Sangue.

Estagnação do Qi e do Sangue nos órgãos e vísceras vai precisar revolver Wujing e se engolir é doloroso, Gengong precisa profunda massagem.

Para aliviar anorexia, você pode empurrar o polegar e tonificar o baço.

Dois métodos com os polegares podem ser praticamente usados: o polegar entortado tonifica e o polegar reto reduz.

Para uma criança medrosa você pode puxar com as pontinhas dos dedos Wuzhijie.

Muito calor nos órgãos fu (vísceras), a constipação vai permanecer. Aperte Dujiao para diminuir o calor e o Qi e o Sangue vão se regular.

Falta de ar vai ser criada se tiver muito calor no meridiano do coração.

Para abaixar a temperatura você deve limpar o Tianheshui . Empurre do cotovelo para a palma da mão para tratar a maioria das febres, mas se a febre insistir massageie o Wailaongong.

"Pescando a lua dentro d'água" trata febres médias e fortes.

Tianmen para Hukon precisa sacudidas fortes vindas do cotovelo para promover mais sangue e para verificar o fluxo do Qi.

"Marimbondos entrando na caverna" podem segurar doenças Yin. Fleumas e síndrome de Qi são devidas a frio.

Massageando Wailaongong vai parar a diarréia e beliscando Yiwofeng vai parar a dor abdominal.

Belisque Weiling em caso de síncope e Jingning para parar e prender o soluço.

Socar o ponto Xiaotianxin se os olhos revirarem e Erma para os rins e para que tudo fique bem.

Junte Sanguan e Liufu para balancear quente / frio.

Para síndrome de deficiência você deve tonificar e para excesso de síndrome você deve dispersar.

Localização e Manipulação

Pontos no aspecto anterior do corpo

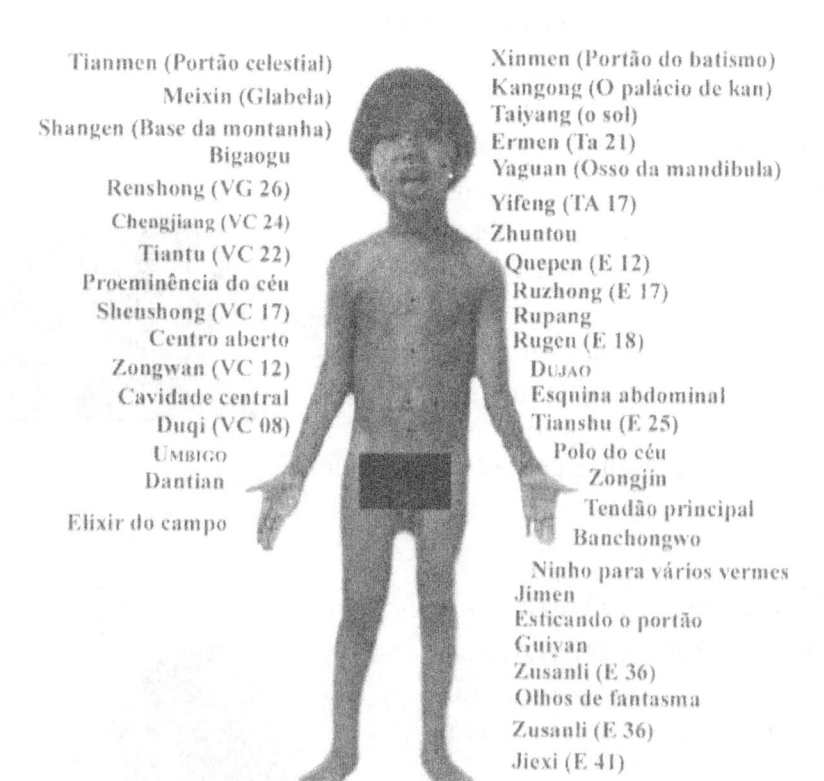

Tianmen (Portão celestial)
Meixin (Glabela)
Shangen (Base da montanha)
Bigaogu
Renshong (VG 26)
Chengjiang (VC 24)
Tiantu (VC 22)
Proeminência do céu
Shenshong (VC 17)
Centro aberto
Zongwan (VC 12)
Cavidade central
Duqi (VC 08)
Umbigo
Dantian

Elixir do campo

Xinmen (Portão do batismo)
Kangong (O palácio de kan)
Taiyang (o sol)
Ermen (Ta 21)
Yaguan (Osso da mandibula)
Yifeng (TA 17)
Zhuntou
Quepen (E 12)
Ruzhong (E 17)
Rupang
Rugen (E 18)
Dujao
Esquina abdominal
Tianshu (E 25)
Polo do céu
Zongjin
Tendão principal
Banchongwo
Ninho para vários vermes
Jimen
Esticando o portão
Guiyan
Zusanli (E 36)
Olhos de fantasma
Zusanli (E 36)
Jiexi (E 41)

Xinmen (Portão do batismo ou fontanela)

Local: na depressão antes de Baihui (VG 20 palácio das 100 reuniões).

Manipulação: com uma das mãos fixe a cabeça e com a outra empurre com o polegar ou dedo médio, da linha do cabelo até Xinmen de 30 a 50 vezes.

Indicações e funções: convulsão infantil e crônica, revirar os olhos, obstrução nasal, dores de cabeça, febre, epistaxe, etc. Acalma o medo, expulsa vento, induz à ressuscitação e acalma a mente.

Tianmen (Portão celestial)

Local: linha entre o centro das sobrancelhas e o início do couro cabeludo.

Manipulação: empurre alternadamente com os polegares da sobrancelha para o couro cabeludo de 30 a 50 vezes.

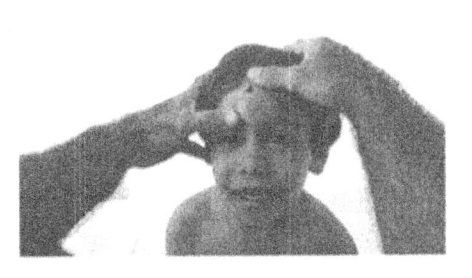

Indicações e funções: gripe comum, febre, dor de cabeça, convulsão, etc. Tira o calor para aliviar síndrome exterior, induz à ressuscitação e acalma a mente.

Kangong (O Palácio de Kan ou Fonte instável)

Local: sobre as sobrancelhas na linha das pupilas.

Manipulação: empurre com os polegares de maneira divergente, da parte interna até a parte externa das sobrance-

lhas de 30 a 50 vezes. Pode-se também pinçar e puxar o ponto com a pontinha dos dedos.

Indicações e funções: febre vinda de exopatia, vermelhidão e dor nos olhos, revirar os olhos, coma, miopia e inchação nos olhos, dores de cabeça. Alivia síndrome de suor, induz à ressuscitação e melhora a visão.

TIANTING (TESTA) ATÉ CHENGJIANG (VC 24)

Local: fazer uma linha do centro da testa até abaixo do lábio.

Manipulação: segure a cabeça da criança com uma das mãos, pressione e massageie os pontos no meio da testa, entre as sobrancelhas (Shangen, Renzhong, Chengjiang), de 3 a 5 vezes cada.

Indicações e funções: afecção de exopatia, vento e frio. Expulsa vento frio, induz à ressuscitação e refresca.

TAIYANG (O SOL)

Local: depressão lateral ao canto externo das sobrancelhas.

Manipulação: massageie os dois pontos do Taiyang de 30 a 50 vezes com os polegares ou com o dedo médio, ao mesmo tempo ou um lado e depois o outro.

Indicações e funções: convulsão aguda ou crônica, inquietação, gripe simples sem transpiração, febre, dor de cabeça e irritação ocular. Induz à ressuscitação e refresca, tira o calor para aliviar síndrome exterior.

Huangfeng (marimbondos entrando na caverna)

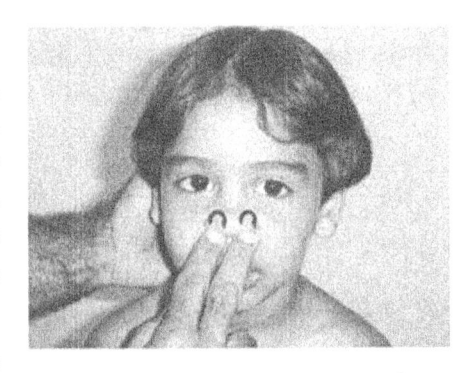

Local: logo abaixo das fossas nasais.

Manipulação: segure a cabeça da criança com uma das mãos e coloque a pontinha dos dedos indicador e médio da outra mão dentro das duas narinas ou no Yingxiang (entrada dos aromas) (IG 20, 0,5 cun lateral nariz) e massageie de 50 a 100 vezes.

Indicações e funções: gripe comum, febre, dor de cabeça, obstrução nasal. Induz à transpiração e dissipa os fatores patogênicos da parte exterior do corpo, expulsando o vento e reduzindo a febre, também regula o Qi do pulmão (Yingxiang).

Ermen (TA 21)

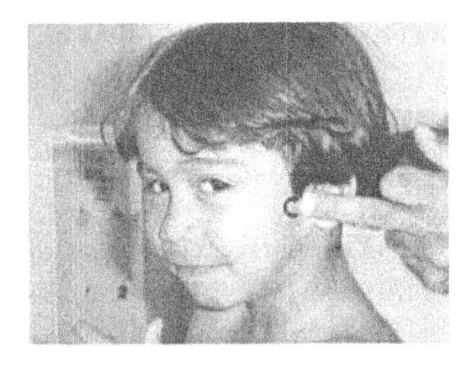

Local: na depressão anterior que está entre a orelha e a articulação da mandíbula, 0,5 cun acima do côndilo mandibular.

Manipulação: massageie os dois pontos Ermen com o dedo médio ou com os polegares de 20 a 30 vezes.

Indicações e funções: otite, dor de dente, convulsão e zumbido. Alivia convulsão e acalma a mente.

Yaguan (osso da mandíbula, também chamado Jiache, E 6)

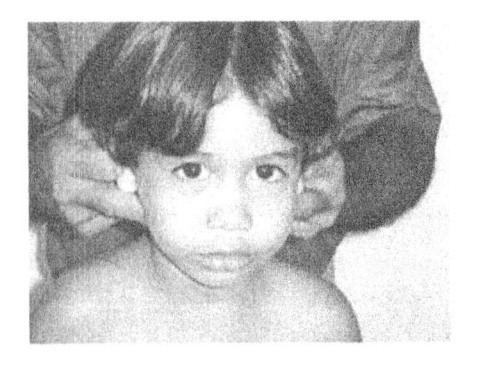

Local: acima e a frente do ângulo inferior da mandíbula na distância da largura de um dedo, onde se forma a proeminência do músculo masseter quando se cerram os dentes.

Manipulação: massageie o ponto de 10 a 20 vezes com os polegares ou o dedo médio.

Indicações e funções: mandíbula trancada (trismo), olhos e boca retorcidos, dor de dente. Induz à ressuscitação e refresca a mente.

QIAOGONG (O ARCO DA PONTE)

Local: uma linha reta entre Yifeng (TA 17) e Quepen (E 12), ao longo do músculo esternocleidomastóideo.

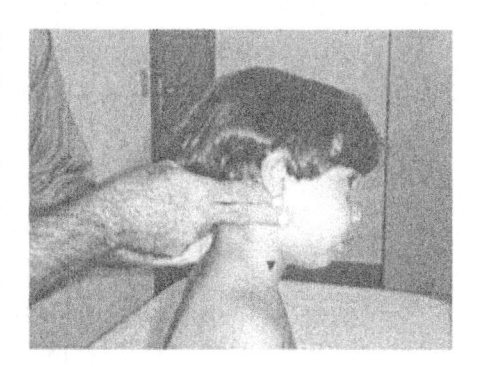

Manipulação: empurre, massageie e pince com a ponta dos dedos de cima para baixo. Repita de 100 a 300 vezes.

Indicações e funções: nos torcicolos de origem muscular e para eliminar o inchaço.

TIANTU (VC 22 PROEMINÊNCIA DO CÉU)

Local: no centro da fossa supraesternal.

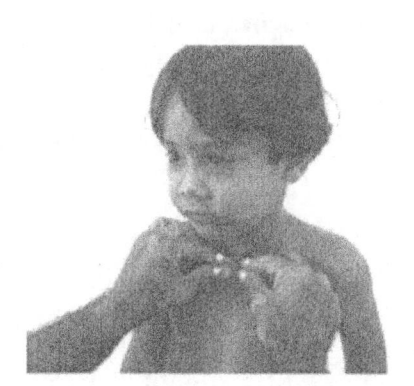

Manipulação: massageie o ponto com a ponta do dedo médio ou aplique força contrária com os dois polegares e os dois dedos indicadores para espremer de fora para o centro do ponto. Massageie ou esprema de 10 a 15 vezes.

Indicações e funções: estagnação de catarro, muco, tosse, soluços, roncos súbitos, náusea e vômito. Regula o fluxo do Qi, elimina catarro e alivia a asma.

Obs.: apertar com a ponta do dedo médio para dentro com movimentos rápidos induz ao vômito.

Shanzhong (VC17 Centro aberto)

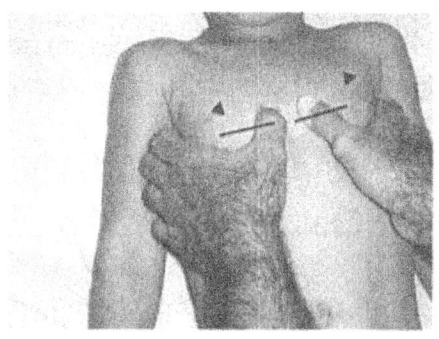

Local: no centro do peito na linha dos mamilos.

Manipulação: massageie com o polegar ou o dedo médio. Empurre de cima para baixo. Empurre com os polegares de maneira divergente, do Shanzhong até os mamilos. Repita de 60 a 100 vezes.

Indicações e funções: peito cheio, asma, tosse. Suaviza o peito, regula o fluxo do Qi e segura a tosse.

Yin-Yang abdominal

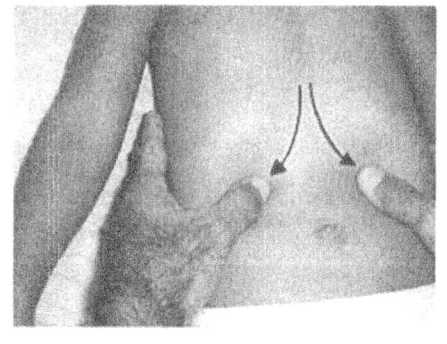

Local: na parede direita do abdome, abaixo dos dois hipocôndrios. Empurre Yin.

Manipulação: empurre com os polegares de modo divergente, partindo do processo xifóide do esterno (Jiuwei VC 15). Repita de 100 a 200 vezes.

Indicações e funções: dor abdominal e distensão, indigestão, náusea e vômito. Reforça o baço e estômago, promove a digestão e remove a retenção de alimento não digerido.

Zhongwan (VC12 — cavidade central)

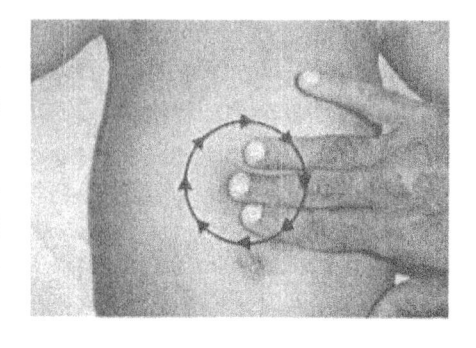

Local e manipulação: ponto central entre umbigo e o processo xifóide do esterno (Jiuwei VC 15).

Manipulação: massageie ou esfregue em círculos o ponto de 100 a 300 vezes, com a polpa dos dedos indicador, médio e anular da mão direita.

Indicação e função: retenção de alimentos não digeridos, perda de apetite, dor e distensão abdominal. Fortalece o baço e estômago, promove a digestão para remover a retenção de alimento indigesto.

DUQI (UMBIGO, TAMBÉM CONHECIDO COMO SHENQUE, VC 8)

Local: no centro do umbigo.

Manipulação: massageie em círculos o ponto de 300 a 500 vezes com a palma da mão ou com os dedos indicador, médio e anular.

Indicação e funções: perda de apetite, constipação, dor e distensão do abdome, prolapso retal. Promove digestão para remover a retenção de alimentos não digeridos, aquece o Yang e dissipa o frio ou gripe.

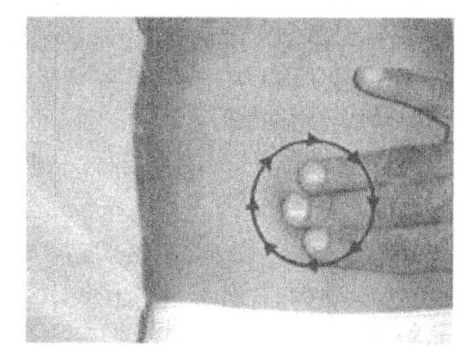

DANTIAN (ELIXIR DO CAMPO)

Local: no centro do caminho entre o umbigo e osso do púbis.

Manipulação: massageie o ponto de 50 a 100 vezes com a palma da mão ou com os dedos indicador, médio e anular.

Indicações e funções: dores abdominais, diarréia, enurese noturna, aversão à frio, fraqueza dos membros. Aquece os rins para revigorar o Yang, regula e tonifica os órgãos e vísceras. Fortalece o Yang dos rins.

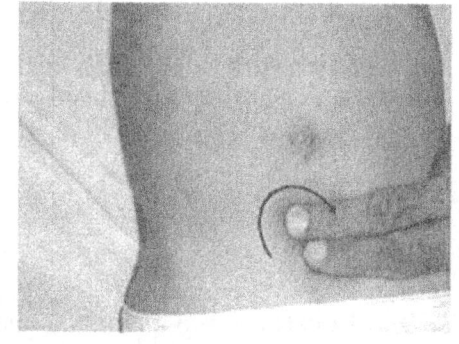

Tianshu (E 25 - Pólo do céu)

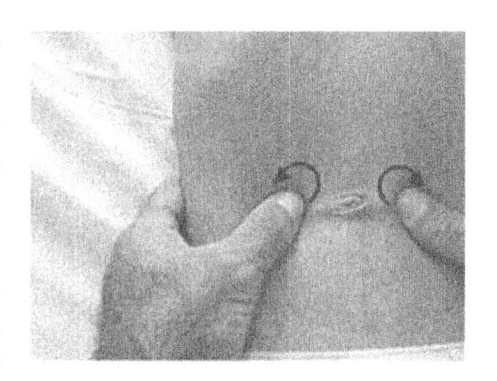

Local: dois cun lateralmente ao centro do umbigo.

Manipulação: massageie os pontos do Tianshu de 100 a 300 vezes com os dois polegares.

Indicações e funções: dores abdominais, diarréia, disenteria, borborigmos e constipação. Induz diurese, alivia distensão abdominal e promove digestão.

Dujiao (esquina abdominal, ou chifre do ventre)

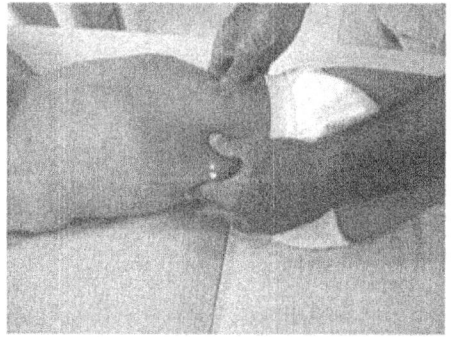

Local: duas linhas paralelas ao lado do umbigo, partindo do ponto Tianshu (E 25) para baixo até o final do abdome.

Manipulação: pince com o polegar e o indicador de cima para baixo de 3 a 5 vezes, todo o caminho do Dujiao. Esta manobra fortalece o baço.

Indicações e funções: dor e distensão abdominal. Alivia espasmos, dor, e detém diarréia.

Jimen (esticando o portão)

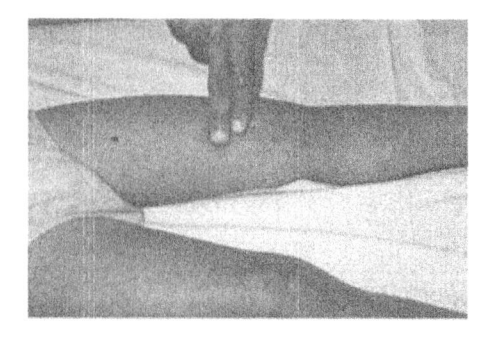

Local: na face medial da perna, formando uma linha reta da borda de cima da patela para a borda inguinal.

Manipulação: empurre para cima ou para baixo com os dedos indicador e médio de 100 a 300 vezes.

Indicações e funções: urina amarela com cheiro ruim, dificuldade e dor ao urinar e diarréia aquosa. Induz a diurese, aumenta a absorção de água no intestino grosso deixando as fezes mais consistentes.

BAICHONGWO (NINHO PARA VÁRIOS VERMES)

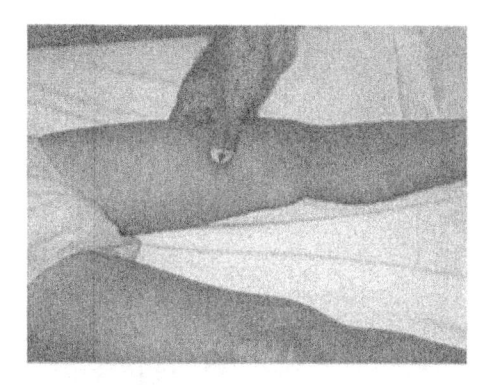

Local: na face medial do fêmur, 3 cun inferior a borda da patela.

Manipulação: pressione e massageie o ponto com o polegar de 30 a 50 vezes.

Indicações e funções: "tiques" dos membros e flacidez dos membros inferiores. Limpa e ativa os meridianos.

GUIYAN (OLHOS DE FANTASMA, TAMBÉM CONHECIDO COMO XIYAN)

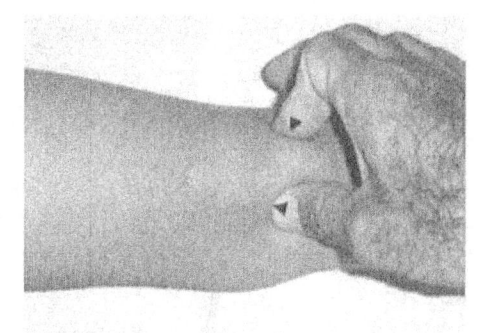

Local: depressão bilateral ao ligamento patelar formada quando o joelho está dobrado.

Manipulação: pressione e massageie os dois pontos Guiyan com o polegar e indicador de 3 a 5 vezes.

Indicações e funções: flacidez dos membros inferiores, convulsões, contratura muscular, e atrofia dos membros inferiores. Alivia convulsão e acalma a mente.

LOCALIZAÇÃO E MANIPULAÇÃO

PONTOS NO ASPECTO POSTERIOR DO CORPO

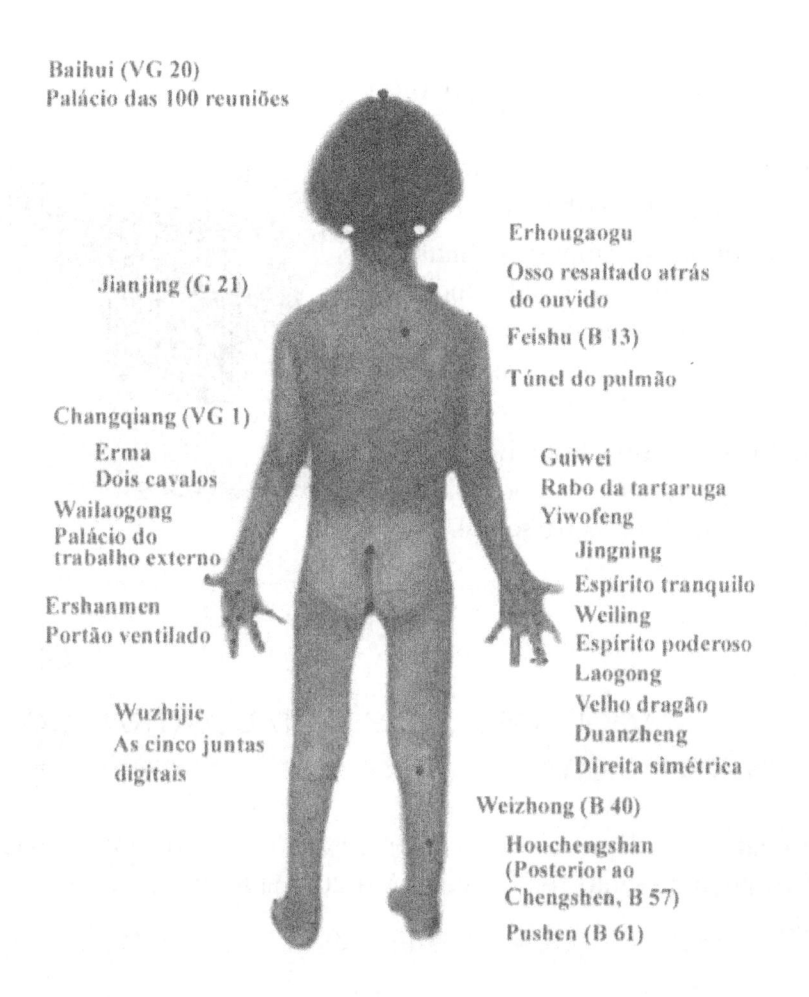

Baihui (VG 20)
Palácio das 100 reuniões

Erhougaogu
Osso resaltado atrás
do ouvido

Feishu (B 13)
Túnel do pulmão

Jianjing (G 21)

Changqiang (VG 1)

Erma
Dois cavalos

Wailaogong
Palácio do
trabalho externo

Ershanmen
Portão ventilado

Wuzhijie
As cinco juntas
digitais

Guiwei
Rabo da tartaruga

Yiwofeng

Jingning
Espírito tranquilo

Weiling
Espírito poderoso

Laogong
Velho dragão

Duanzheng
Direita simétrica

Weizhong (B 40)

Houchengshan
(Posterior ao
Chengshen, B 57)

Pushen (B 61)

Baihui (VG 20 - Palácio das 100 reuniões)

Local: ponto central da linha que une os dois vértices das orelhas, no topo da cabeça.

Manipulação: massageie com um polegar sobre o outro ou segurando a cabeça com uma mão e massageando com o polegar da outra mão, de 30 a 50 vezes.

Indicações e funções: convulsão, dor de cabeça, enurese, visão embaçada, prolapso do reto e diarréia. Eleva o Yang do baço, suaviza os nervos, induz ressuscitação e melhora a visão.

Tianzhugu (osso da coluna celestial)

Local: linha reta da raiz posterior do cabelo até o ponto Dazhui (VG 14).

Manipulação: empurre a linha de cima para baixo com os dedos indicador e médio ou raspe com uma colher de sopa mergulhada na água de hortelã. Repita de 100 a 300 vezes.

Indicações e funções: alivia a febre, retém o vômito, elimina o torcicolo e relaxa o fluxo do Qi tratando o soluço.

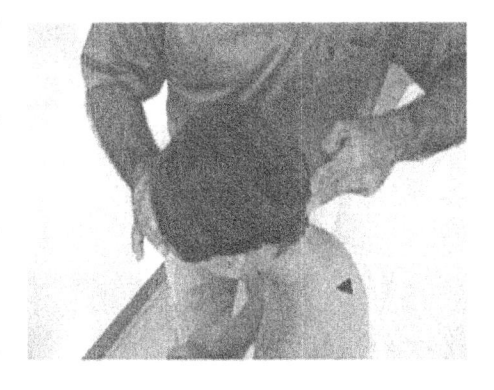

Erhougaogu (osso ressaltado atrás do ouvido)

Local: numa depressão atrás do processo mastóideo, um pouco lateral ao ponto "poço de vento" ou Fengchi (VB 20), na margem inferior do osso occipital.

Manipulação: massageie com os polegares de 20 a 30 vezes.

Indicações e funções: dor de cabeça, visão turva, convulsão, prolapso do reto, diarréia e enurese noturna. Eleva o Yang do baço, relaxa os nervos, induz à ressuscitação e melhora a visão.

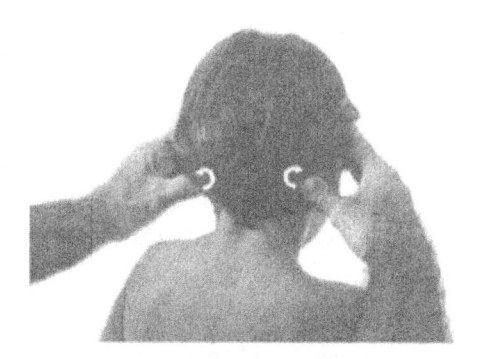

JIZHU (COLUNA ESPINHAL)

Local: linha sobre a coluna vertebral.

Manipulação: empurre esta linha de cima para baixo de 200 a 300 vezes com os dedos indicador e médio. Pince e role paralelamente a linha, de baixo, para cima de 3 a 5 vezes, com o polegar e os dedos indicador e médio.

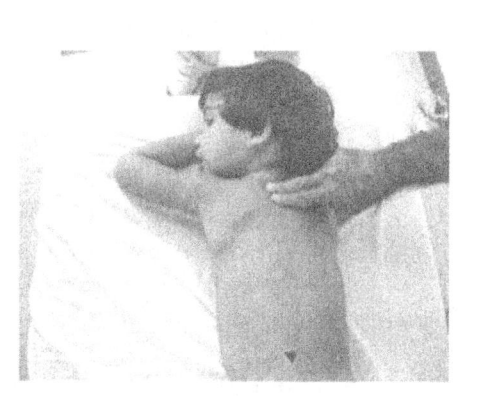

Indicações e funções: febre, convulsão, subnutrição infantil e também fortalece o sistema imunológico. Alivia convulsão, acalma o vento endógeno, regula e tonifica os órgãos e vísceras.

FEISHU (B13 TÚNEL DO PULMÃO)

Local: 1,5 cun lateralmente ao processo espinhoso da terceira vértebra torácica.

Manipulação: pressione e massageie o ponto de 100 a 300 vezes com os polegares ou com os dedos indicador e médio.

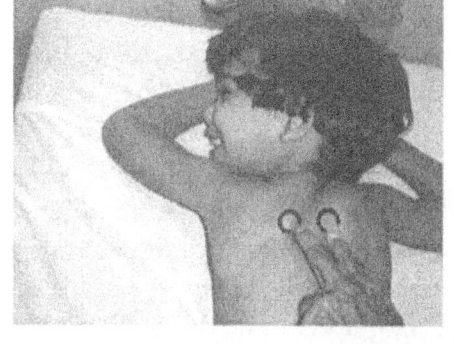

Indicações e funções: tosse, dispnéia, opressão torácica, dores nas costas e asma. Promove a função de dispersão dos pulmões e regula o fluxo do Qi e elimina catarro ou muco, aliviando a tosse.

Xielei (região costal)

Local: região lateral do tronco, das axilas até as cristas ilíacas.

Manipulação: friccione a região com a palma das mãos de cima para baixo de 50 a 100 vezes. Pode-se também friccionar para frente e para trás.

Indicações e funções: dores nos hipocôndrios, dispnéia com catarro e subnutrição infantil. Regula o fluxo do Qi e remove mucosidade, alivia o peito cheio e remove a retenção de alimento não digerido.

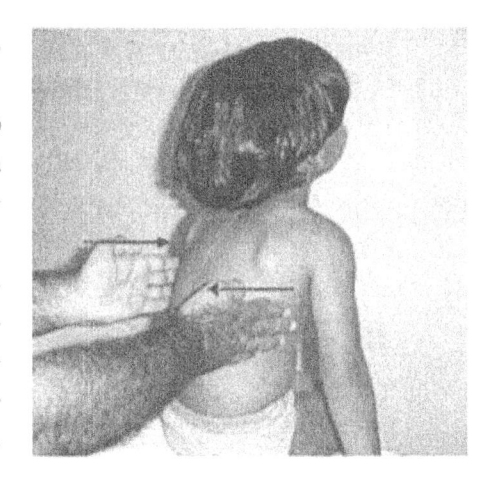

Guiwei (Rabo da tartaruga)

Local: extremidade superior das vértebras coccigianas.

Manipulação: pressione e massageie o ponto de 300 a 500 vezes com o polegar ou dedo médio ou aplique ventosa na região.

Indicações e funções: diarréia, disenteria e prolapso do reto. Aquece o Yang do baço para parar diarréia e umedece a secura para aliviar constipação.

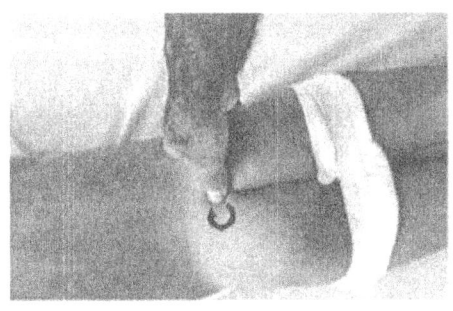

Qijiegu (osso com sete segmentos)

Local: Linha reta da pontinha do cóccix até a 4ª vértebra lombar.

Manipulação: empurre esta área diretamente de cima para baixo ou de baixo para cima de 100 a 300 vezes com a polpa do polegar. Empurrando a linha para cima tonifica e para baixo dispersa.

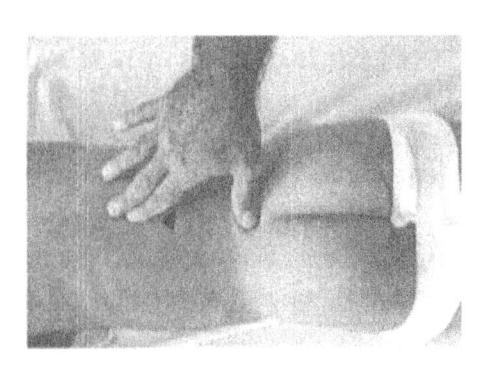

Indicações e funções: diarréia, prolapso do reto e constipação. Tonifica aquecendo o Yang para parar a diarréia. Dispersa, tirando o calor para promover defecação.

CHANGQIANG (VG 1)

Local: no ponto do meio entre a extremidade do cóccix e o ânus.

Manipulação: pressione e massageie o ponto de 100 a 200 vezes com a pontinha do dedo médio.

Indicações e funções: enterite, prolapso do reto e hemorróidas. Regula a função dos intestinos e diminui inflamações.

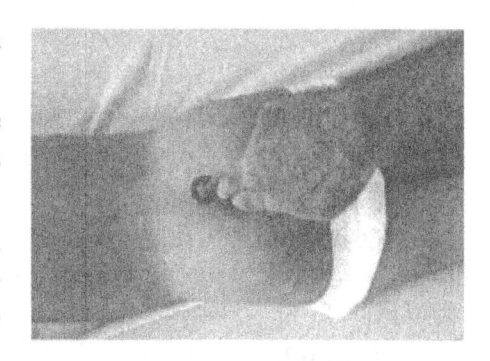

YIWOFENG (NINHO DO VENTO TA 4)

Local: ponto central da prega transversal do pulso na face dorsal.

Manipulação: fixe a mão da criança com uma das mãos, pressione e massageie o ponto de 100 a 200 vezes com o polegar da outra mão.

Indicações e funções: gripe comum, dor abdominal e borborigmos. Aquece o Yang e dispersa o frio.

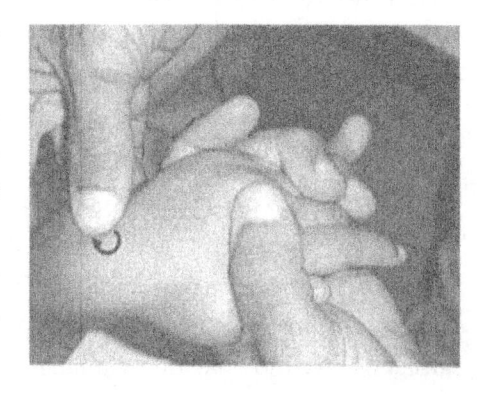

WEILING (ESPÍRITO PODEROSO)

Local: em uma depressão na face dorsal da mão entre o 2º e o 3º metacarpianos, mesmo nível que o WaiLaoGong.

Manipulação: fixe a mão da criança com uma mão, pressione e massageie o ponto de 30 a 50 vezes com a pontinha do polegar da outra mão.

Indicações e funções: zumbido, dor de cabeça e coma causado por convulsão aguda. Induz à ressuscitação e elimina calor, alivia convulsão e acalma o vento endógeno.

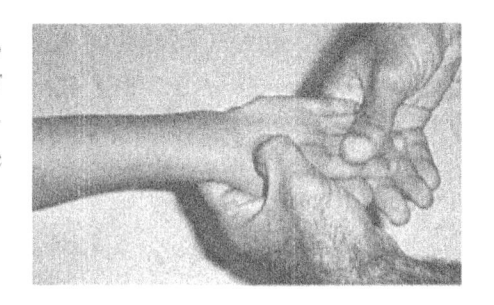

WAILAOGONG (PALÁCIO DO TRABALHO EXTERNO, OPOSTO AO NEILAOGONG PC 8)

Local: no centro do dorso da mão, lado oposto de Neilaogong (laogong interno PC 6).

Manipulação: fixe a mão da criança com uma mão, pressione e massageie o ponto de 100 a 300 vezes com a pontinha do polegar da outra mão.

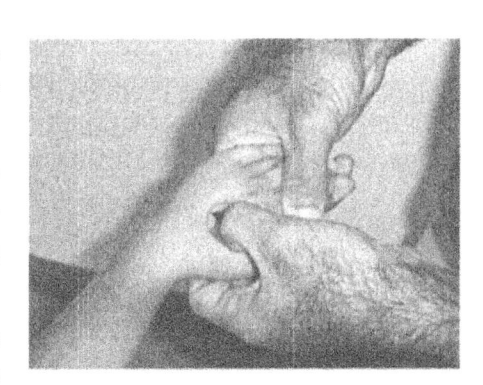

Indicações e funções: distensão e dor abdominal, diarréia, obstrução nasal, descarga nasal, prolapso do reto e enurese noturna.

JINGNING (ESPÍRITO TRANQÜILO)

Local: em uma depressão na face dorsal da mão entre o 4° e o 5° metacarpianos, mesmo nível que Wailaogong.

Manipulação: fixe a mão da criança com uma mão, pressione e massageie o ponto de 30 a 50 vezes com a pontinha do polegar da outra mão.

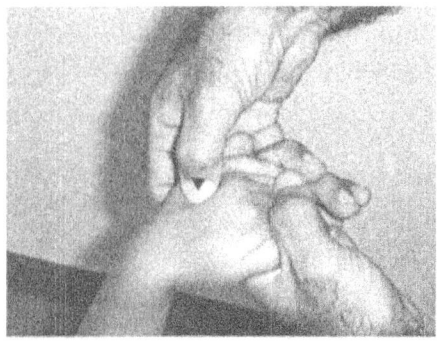

Indicações e funções: subnutrição infantil, respiração difícil, ânsia de vômito, indigestão e mucosidade. Promove a digestão e remove retenção de alimentos não digeridos, regula o fluxo do Qi.

ERMA (DOIS CAVALOS, TAMBÉM CONHECIDA COMO ERRENSHANGMA, DOIS HOMENS MONTADOS NOS SEUS CAVALOS)

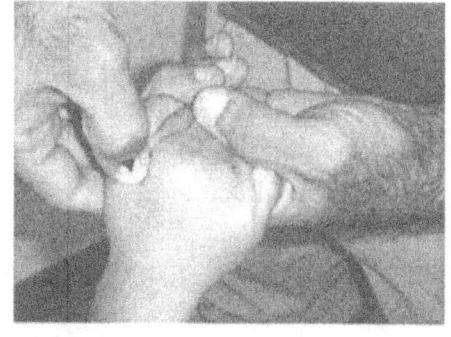

Local: em uma depressão na face dorsal da mão entre o 4° e o 5° metacarpianos e próximo a estes.

Manipulação: fixe a mão da criança com uma mão, pressione e massageie o ponto de 100 a 300 vezes com a pontinha do polegar da outra mão.

Indicações e funções: indigestão, dor abdominal, constituição fraca, enurese, tosse e asma. Tonifica os rins, elimina mucosidade para parar a tosse.

ERSHANMEN (PORTÃO VENTILADO)

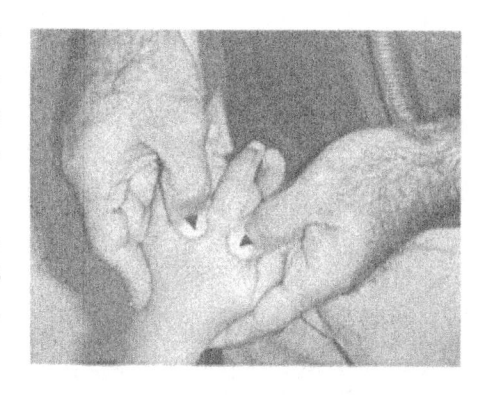

Local: pontos bilaterais na articulação do dedo médio, na face dorsal da mão.

Manipulação: massageie os dois pontos de 100 a 300 vezes com os polegares.

Indicações e funções: convulsão, espasmos e febre sem transpiração. Induz à transpiração e alivia síndrome exterior.

WUZHIJIE (AS CINCO JUNTAS DIGITAIS)

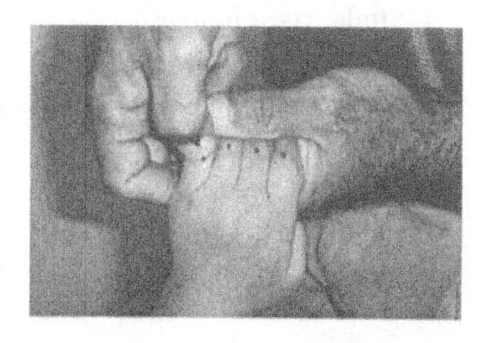

Local: nas juntas interfalangianas proximais dos cinco dedos da mão em sua face dorsal.

Manipulação: fixe a mão da criança com uma mão, pince e massageie os cinco pontos de 3 a 5 vezes com o polegar da outra mão.

Indicações e funções: convulsão e espasmo. Alivia convulsão e acalma a mente, trata também a limitação dos movimentos dos dedos.

LAOLONG (VELHO DRAGÃO)

Local: situado atrás da base da unha do dedo médio.

Manipulação: fixe a mão da criança com uma mão, pince e massageie o ponto de 5 a 10 vezes com o polegar da outra mão.

Indicações e funções: inconsciência causada por convulsão aguda e síndrome de prostração causada por

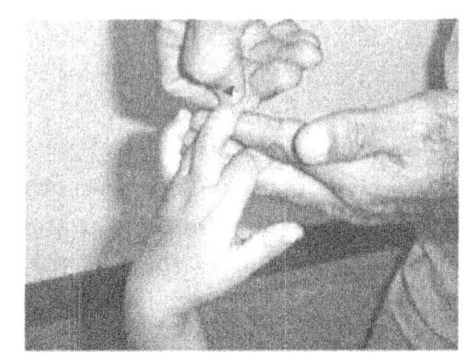

estagnação do Qi. Induz à ressuscitação, refresca a mente e reduz a febre.

DUANZHENG(PONTOS APROPRIADOS OU DIREITA SIMÉTRICA)

Local: pontos bilaterais localizados a 0.1 cun dos cantos da unha do dedo médio.

Manipulação: fixe a mão da criança com sua mão esquerda, pince e massageie os pontos Duanzheng com a pontinha do polegar da mão direita. Repita de 5 a 10 vezes.

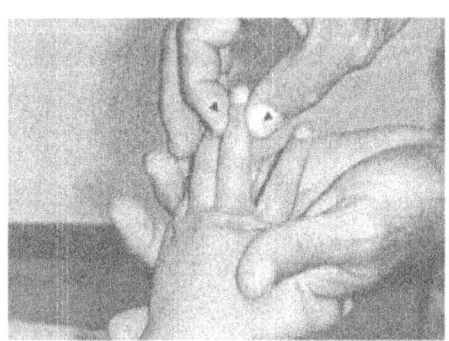

Indicações e funções: o Duanzheng radial é para disenteria e diarréia, o ulnar para vômito, epistaxe e convulsão. Fortalece o baço e estômago, alivia convulsão e acalma a mente.

Houchengshan (posterior Chengshan B 57 — suporte da montanha)

Local e manipulação: situados no centro do músculo gastrocnêmico, na panturrilha.

Manipulação: massageie e pressione Houchengshan de 30 a 50 vezes com o polegar ou empurre a área do Chengshan (B 57) subindo para Weizhong (B 40) de 100 a 300 vezes.

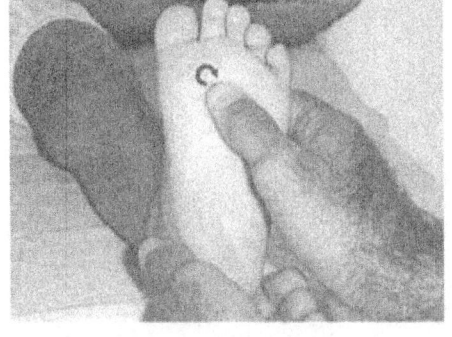

Indicações e funções: diarréia, convulsão, flacidez dos membros inferiores, espasmos no músculo gastrocnêmico e constipação. Fortalece o baço e o estômago, alivia a convulsão e expele o vento.

Yongquan (R1 — Fonte jorrante)

Local: na depressão formada entre o terço anterior e os dois terços posteriores da sola do pé.

Manipulação: segure o pé da criança com uma das mãos e massageie com o polegar da outra mão de 30 a 50 vezes.

Indicações e funções: febre, dor de cabeça, vômito, olhos vermelhos, visão turva, disúria e convulsões. Elimina o calor, inverte a subida adversa do Qi e conduz o fogo para baixo.

Localização e Manipulação

Pontos da face medial da mão e punho

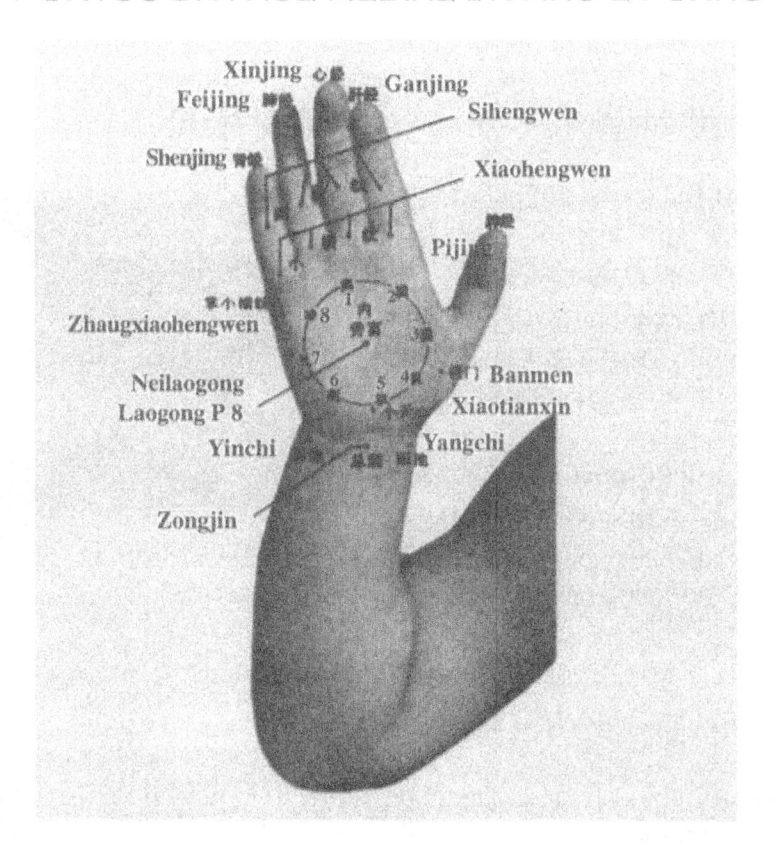

1. Li (9);	2. Xun (4);	3. Zhen (3);
4. Gen (8);	5. Kan (1);	6. Dian (6);
7. Dui (7);	8. Kun (2).	

Sanguan (Três barras)

Local: linha que vai da prega do pulso à prega do cotovelo pelo lado radial da face palmar do antebraço.

Manipulação: com o dedo indicador e médio, realize pressão com deslizamento do pulso para o cotovelo de 100 a 300 vezes.

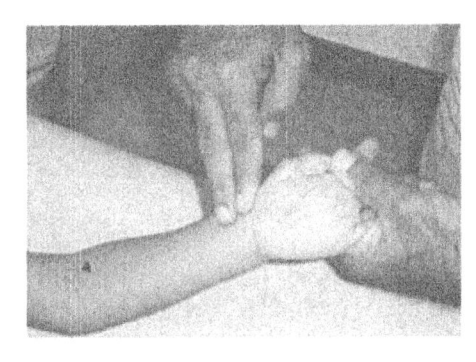

Indicações e funções: dor abdominal, diarréia, fraqueza geral depois de alguma doença, aversão ao frio e fraqueza dos membros. Fortalece a resistência do corpo e elimina fatores patogênicos exógenos e tonifica o Qi primordial.

Tianheshui (Água do rio celestial)

Local: linha da face palmar do antebraço que liga os pontos centrais das pregas do pulso e do cotovelo.

Manipulação: com o dedo indicador e médio, realize pressão com deslizamento do pulso para o cotovelo de 100 a 300 vezes.

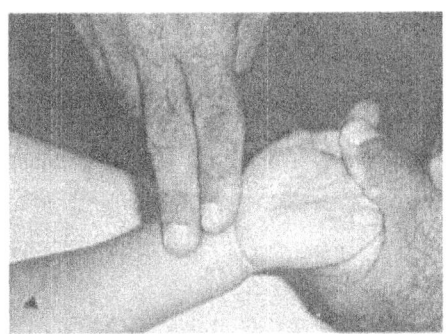

Indicações e funções: calor interno intenso, febre vespertina, febre causada por exopatia, irritação, inquietação e sede. Elimina o calor patogênico do meridiano do coração e acalma a mente.

Liufu (seis vísceras)

Local: linha que vai da prega do cotovelo à prega do pulso pela face palmar do antebraço.

Manipulação: com o dedo indicador e médio, realize pressão com deslizamento do cotovelo para o pulso de 100 a 300 vezes.

Indicações e funções: convulsão por febre alta, úlcera oral, língua dobrada, língua rígida e inchada, dores gerais, elimina o calor do sangue, disenteria, reduz inchaço, tenesmos e favorece o funcionamento das seis vísceras.

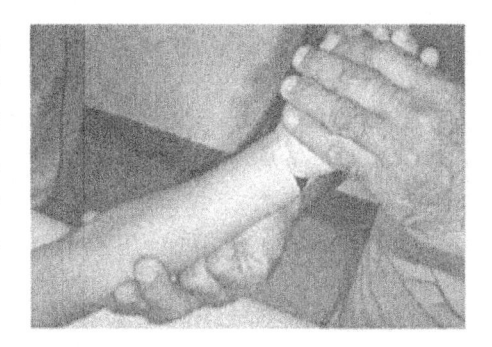

ZONGJIN (TENDÃO PRINCIPAL)

Local: depressão no meio da prega do pulso, na face palmar, entre dois tendões.

Manipulação: fixe a mão da criança com uma das mãos, pressione e massageie o ponto de 100 a 300 vezes com o polegar da outra mão.

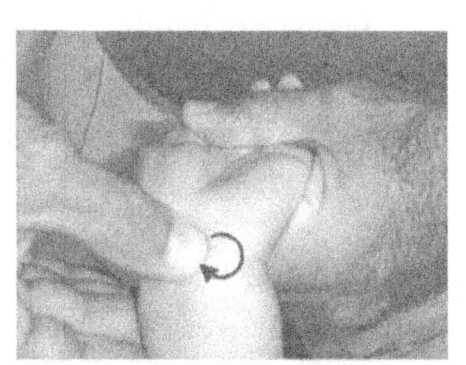

Indicações e funções: convulsão, choro noturno, vômito, febre vespertina (à tardinha) e úlceras da boca. Alivia convulsão e acalma a mente.

YIN - YANG

Local e manipulação: situados nas depressões da prega do pulso, Yangchi no lado radial e Yinchi no lado ulna. São pontos laterais ao Zongjin.

Manipulação: empurre de Zongjing para Yin-Yang de 200 a 300 vezes, com os dois polegares.

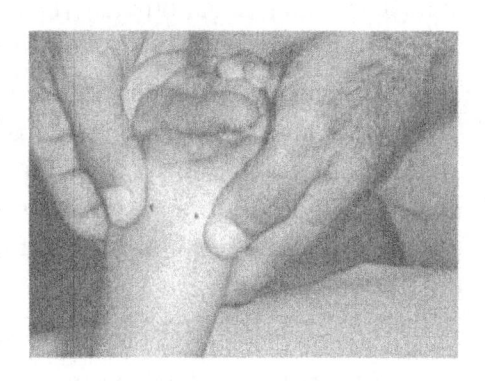

Indicações e funções: diarréia, vômito, medos e "tiques" dos membros. Regula as funções dos órgãos e vísceras e alivia convulsão.

Xiaotianxin (pequeno centro do céu)

Local: em uma depressão no centro da base da palma, entre as regiões tenar e hipotenar.

Manipulação: fixe a mão da criança com uma das mãos, pince e massageie com o polegar da outra mão ou soque o ponto com o dedo médio de 30 a 160 vezes.

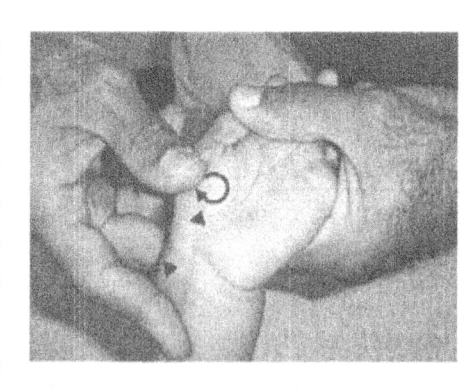

Indicações e funções: convulsão, "tiques" dos membros, desvio dos olhos, irritação, inquietação, choro doentio noturno, dificuldade e dor na urinação (disúria), com a urina de cor amarela escura. Alivia convulsão e acalma a mente, elimina o calor e induz à diurese.

Banmen (portão de madeira)

Local: linha que se estende da base do polegar ao pulso, ou apenas um ponto no centro da região tenar.

Manipulação: fixe a mão da criança com uma das mãos e massageie Banmen ou empurre Banmen do pulso para a base do polegar ou vice-versa de 100 a 300 vezes.

Indicações e funções: massageie o Banmen para convulsão aguda ou crônica e retenção de alimentos não digeridos. Empurre do Banmen da base do polegar para o pulso para tratar diarréia, e do pulso para a base do polegar para tratar vômito e indigestão. Promove a digestão e elimina calor úmido do baço e estômago.

Pijing (meridiano do baço)

Local: situado no lado radial do polegar.

Manipulação: fixe a mão e o polegar da criança com uma das mãos e empurre a área de 300 a 500 vezes com o polegar da outra mão. Da ponta do polegar para a base é o método de tonificação e da base para a ponta é o método de dispersão.

Indicações e funções: deficiência do baço e estômago, anorexia, emagrecimento e desatenção. Estrutura e desenvolve o baço e estômago pela tonificação

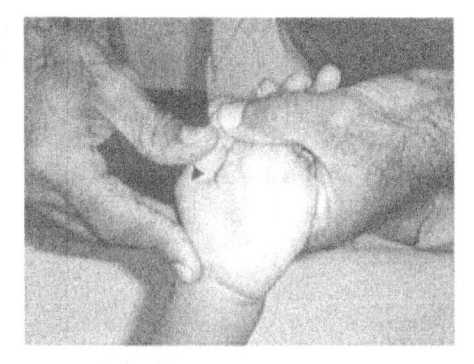

e promove a digestão removendo a retenção de alimentos não digeridos pelo método de dispersão. Para dispersar fator patogênico, como muita mucosidade.

TRANSPORTANDO TERRA PARA A ÁGUA, TRANSPORTANDO ÁGUA PARA A TERRA

Local: linha da face radial do polegar até a ponta do dedo mínimo.

Manipulação: empurre a linha do polegar ao dedo mínimo de 300 a 500 vezes. Do polegar para o dedo mínimo a manobra se chama "transportar a terra para a água" e do dedo mínimo para o polegar é "transportar a água para a terra".

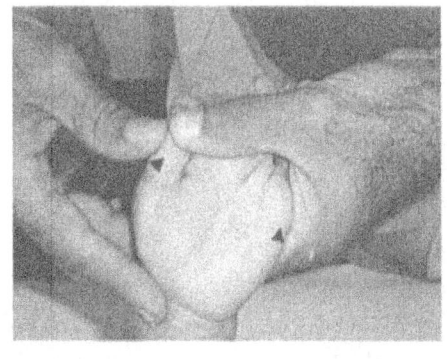

Indicações e funções: distensão abdominal, indigestão, urinação difícil e dolorida com urina escassa. Elimina o calor úmido do baço e estômago e tonifica os rins, também umedece a secura para promover movimento do estômago.

NEIBAGUA (OITO SÍMBOLOS DIVINOS INTERNOS)

Local: ao redor do ponto Neilaogong, formando um círculo na palma da mão.

Manipulação: com o polegar ou dedo médio faça pressão e deslizamento sobre o círculo de 300 a 500 vezes.

Indicações e funções: tosse, diarréia, distensão abdominal e vômito. Promove o fluxo de sangue e Qi e regula as funções dos órgãos e vísceras (Zang fu). No sentido horário para diarréia e no anti-horário para prisão de ventre.

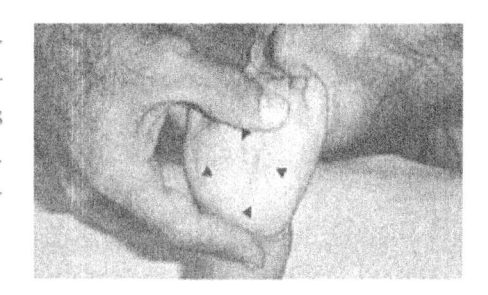

DACHANG (INTESTINO GROSSO)

Local: no lado radial do dedo indicador, da ponta à base.

Manipulação: fixe a mão da criança com uma das mãos, empurre de 300 a 500 vezes com o polegar da outra mão. Da ponta à base tonifica e dá base à ponta dispersa.

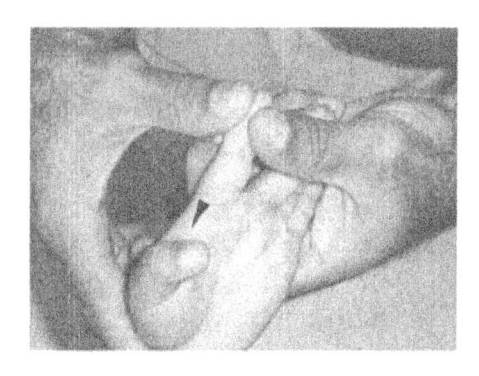

Indicações e funções: diarréia, dor abdominal, disenteria e constipação. Consolida e adstringe o intestino para parar diarréia pelo método de tonificação, e elimina calor para relaxar as vísceras pelo método de sedação.

GANJING (MERIDIANO DO FÍGADO)

Local: na face palmar do dedo indicador.

Manipulação: fixe a mão da criança com uma das mãos, empurre de 300 a 500 vezes com o polegar da outra mão da ponta para a base.

Indicações e funções: convulsões, olhos vermelhos, irritabilidade, agitação, disforia com sensação de febre no peito,

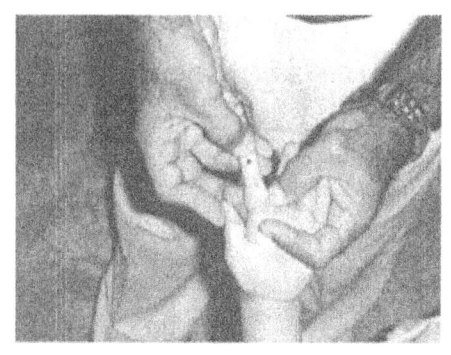

palmas das mãos e solas dos pés. Remove calor do fígado e vesícula biliar, alivia convulsão e acalma a mente.

XINJING (MERIDIANO DO CORAÇÃO)

Local: na face palmar do dedo médio.

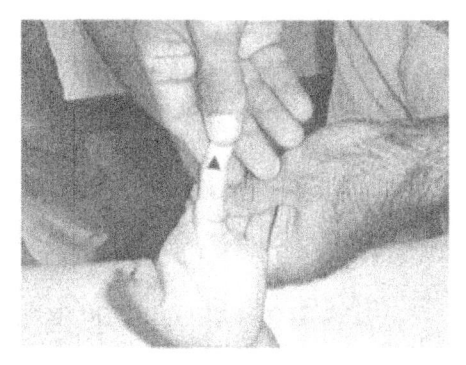

Manipulação: fixe a mão da criança com uma das mãos, empurre de 300 a 500 vezes com o polegar da outra mão da ponta para a base.

Indicações e funções: sensação febril no peito, palmas das mãos e solas dos pés, convulsão, úlceras bucais, dor e dificuldade de urinar, urina avermelhada. Remove calor e induz diurese, alivia convulsão e dispersa vento interno.

FEIJING (MERIDIANO DO PULMÃO)

Local: na face palmar do dedo anular.

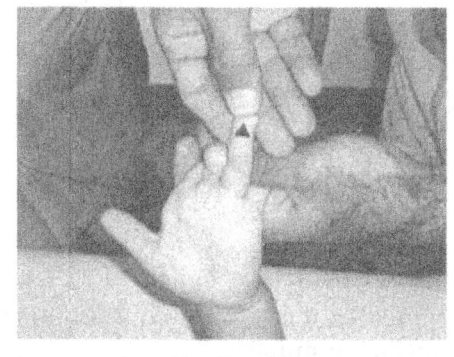

Manipulação: fixe a mão da criança com uma das mãos, empurre de 300 a 500 vezes com o polegar da outra mão da ponta para a base.

Indicações e funções: gripe comum, dispnéia por causa de retenção de catarro, transpiração espontânea, prolapso do reto, enurese (urinar na cama) e constipação. Facilita a garganta para parar a tosse. Suaviza o fluxo do Qi e elimina o catarro/muco, relaxa as vísceras, falta de ar com muco.

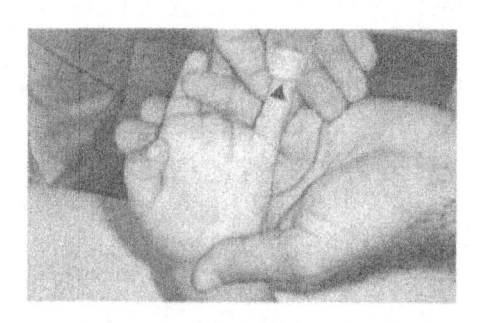

SHENJING (MERIDIANO DOS RINS)

Local: na face palmar do dedo mínimo.

Manipulação: fixe a mão da criança com uma das mãos, empurre de 300 a 500 vezes com o polegar da outra mão da ponta para a base.

Indicações e funções: deficiência congênita, enfraquecimento corporal após doença, diarréia antes do amanhecer e enurese noturna. Mantém o Yang dos rins e remove calor estagnado na região inferior do corpo.

Xiaochang (intestino delgado)

Local: no lado ulnar do dedo pequeno.

Manipulação: fixe a mão da criança com uma das mãos, empurre de 300 a 500 vezes com o polegar da outra mão da ponta para a base.

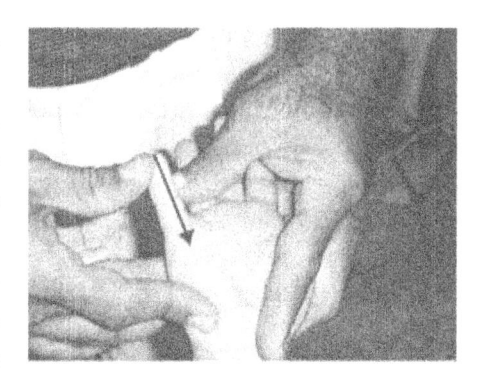

Indicações e funções: urina escassa, anúria, febre alta persistente, febre à tarde e diarréia aquosa. Remove o calor e induz à diurese.

Sihengwen (quatro dobras transversais - Zifeng)

Local: nas dobras do segundo segmento dos dedos indicador, médio, anular e mínimo.

Manipulação: fixe a mão da criança com uma das mãos, pince e massageie com a ponta do polegar da outra mão. Faça de 100 a 300 vezes (pode-se usar a ponta da unha).

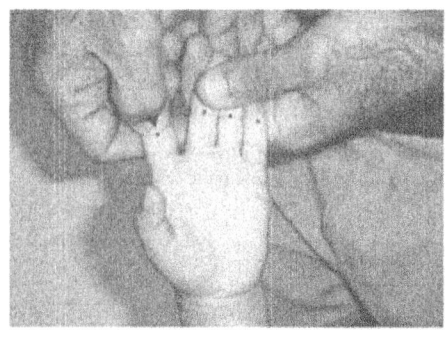

Indicações e funções: retenção de alimento indigesto, constituição corporal fraca, "tiques" dos membros, desvio da cabeça, dor abdominal, ataques alternados de frio e febre. Regula o fluxo do sangue e do Qi e promove a digestão.

Xiaohengwen (pequenas dobras transversais)

Local: na dobra da base dos dedos indicador, médio, anular e mínimo.

Manipulação: fixe a mão da criança com uma das mãos, massageie de 50 a 100 vezes com o polegar ou dedo médio da outra mão.

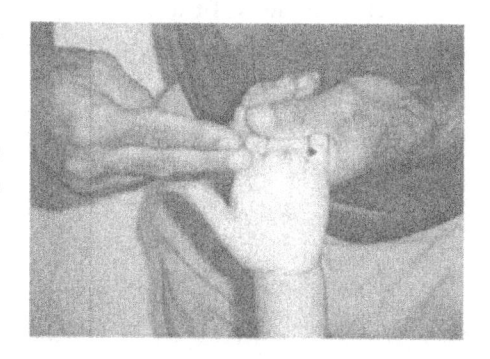

Indicações e funções: febre, irritação, agitação, distensão abdominal. Remove o calor para eliminar aflição e promove digestão para remover retenção de alimento indigesto.

Pescando a lua debaixo d'água

Local: linha da face palmar do dedo mínimo até o centro da palma no ponto Neilaogong.

Manipulação: fixe a mão da criança com a mão esquerda, empurre a linha da ponta do dedo mínimo, via Xiaotianxin até Neilaogong com o polegar direito. Faça de 100 a 300 vezes no mínimo.

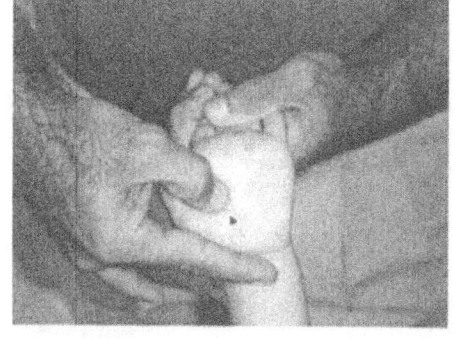

Indicações e funções: febre alta, olhos vermelhos, irritação, agitação e urina avermelhada. Remove o fogo vazio do coração e rins.

Zhangxiaohengwen (pequena dobra transversal palmar)

Local: na dobra da palma, logo abaixo da base do dedo mínimo.

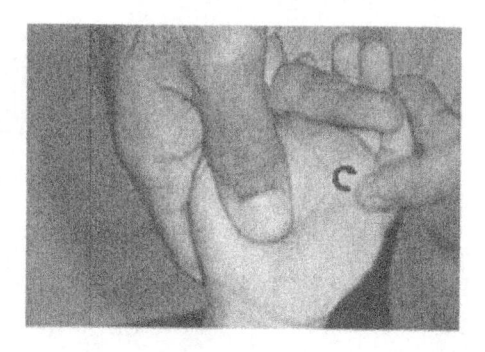

Manipulação: fixe a mão da criança com uma das mãos, massageie de 100 a 300 vezes com o polegar da outra mão.

Indicações e funções: dispnéia por causa de retenção de catarro, tosse, febre e úlceras da boca. Remove o calor, dispersa estagnação e elimina catarro para parar a tosse.

TRATAMENTO DE PRINCIPAIS DOENÇAS INFANTIS

Fisiologicamente os órgãos das crianças são delicados e estão em franco desenvolvimento. Do ponto de vista etiopatogênico, as crianças são mais suscetíveis a adoecer por influência de fatores exopatogênicos e menos suscetíveis a desenvolver doenças internas por influências emocionais.

As doenças infantis são caracterizadas por aparecimento abrupto, rápida evolução e transmissão. Justamente por isto, a massagem pediátrica chinesa deve ser praticada diferentemente que nos adultos.

A seleção das manipulações, força e duração do tratamento devem estar baseadas na condição física, psíquica e idade da criança. Devem-se evitar lesões na pele, diminuindo a fricção, sem que isto venha prejudicar o efeito terapêutico. As manobras são aplicadas primeiramente na cabeça e face, posteriormente nos membros superiores, tórax, abdome, costa e região lombar e finalmente nos membros inferiores. As manobras podem ser manejadas de acordo com a seriedade do caso, ordem de seleção dos pontos principais e auxiliares ou de acordo com a posição da criança.

Quanto ao método de tonificação e de dispersão, geralmente utilizamos manobras no sentido horário, a favor do fluxo do meridiano, manipulação gentil e lenta quando queremos tonificar. Enquanto utilizamos manobras no sentido anti-horário, contrário ao fluxo do meridiano, manipulação rápida e forte quando queremos dispersar. Para não prejudicar o tratamento, aconselho utilizar as manobras mais fortes no final da sessão, pois o choro e a negativa de cooperação da criança poderão interferir no resultado terapêutico.

1. Febre

Comentários iniciais

Febre é um aumento anormal da temperatura, sendo uma queixa de grande incidência nos departamentos de pediatria. Ocorre freqüentemente nas doenças infantis agudas e crônicas. De acordo com a medicina ocidental, infecções virais e bacterianas podem gerar febre nas crianças. Mas muitos fatores como aumento do calor externo e vestimentas inadequadas podem causar mudanças irregulares da temperatura da criança devido à variação do centro de controle da temperatura corporal afetado por mudanças externas. A medicina tradicional chinesa afere que as crianças possuem uma deficiência inata e que seu Qi correto não é suficiente o bastante para suportar as variações externas, sendo mais suscetíveis que os adultos a ataques pelos seis fatores exógenos como o vento, frio, calor do verão, umidade, secura e fogo.

Na clínica é comum febre por invasão de vento-frio e vento-quente, nos fatores internos consideramos a acumulação de calor causada por retenção de alimentos e calor interno devido à deficiência de Yin após longo tempo de permanência de febre.

Principais pontos para diferenciação de síndromes

Síndrome exógena de vento-frio.

Sintomas: febre, dor de cabeça, aversão ao frio, entupimento nasal, coriza clara, revestimento lingual fino e branco e veias do indicador vermelha brilhante.

Síndrome exógena de vento-quente

Sintomas: febre, leve transpiração, boca seca, inflamação da garganta, coriza amarela, revestimento lingual fino e amarelo, veias do indicador vermelha e púrpura.

Síndrome de plenitude pulmonar e calor no estômago

Sintomas: febre alta, face vermelha, respiração curta, perda de apetite, constipação, irritabilidade e cansaço, sede com desejo de beber líquidos, língua vermelha com revestimento seco e escuro, veias do indicador púrpura.

Síndrome de calor interno devido à deficiência de Yin.

Sintomas: febre à tarde, sensação de calor nas palmas e solas dos pés, emagrecimento, suor noturno, diminuição do apetite, pulso rápido e em corda, língua vermelha com revestimento esfoliado e veias do indicador levemente púrpura.

Princípio de tratamento: o método terapêutico indicado é dispersar o vento e eliminar o calor.

Manipulações básicas: manipulação do Qingtianheshui por 300 a 500 vezes; manipular dispersando Liufu, 300 vezes; manipular Sanguan, 100 vezes; manipular separando Yin-Yang, 100 vezes; limpar Feijing, 300 vezes; amassar Wailaogong, 300 a 500 vezes e beliscar e rolar a coluna vertebral por 100 vezes.

Manipulações de acordo com a diferenciação de síndrome

Síndrome exógena de vento-frio.
Além das manipulações básicas, utilize:

Manipulação para abrir Tianmen por 100 vezes; empurrar Kangong 100 vezes; revolver Taiyang por 100 vezes; massagear Ershanmen 100 vezes; manipular Huangfeng 100 vezes; massagear Fengchi (VB 20) e Hegu (IG 4) 10 vezes cada; empurrar Sanguan 300 vezes. Dispersar Liufu por 100 vezes.

Síndrome exógena de vento-calor.
Manipulação para abrir Tianmen por 100 vezes; empurrar Kangong por 100 vezes; revolver Taiyang 100 vezes; puxar penetrando a ponta do dedo (qiafa) o ponto Zongjin 100 vezes; empurrar Tianzhugu 100 vezes e massagear Jianjing (VB 21) e Quchi (IG 10) 10 vezes cada.

Síndrome de plenitude do pulmão e calor no estômago.
Manipular Damaguotianhe por 100 vezes; manipular Shuidilaomingyue por 10 vezes; limpar Feijing 200 vezes; limpar Weijing por 200 vezes; limpar Dachang por 100 vezes; manipular Longruhukou 300 vezes; amassar Tianshu (E 25) 300 vezes e empurrar Xiaqijiegu por 100 vezes.

Síndrome de calor interno devido à deficiência de Yin.
Manipular tonificando Pijing por 100 vezes; Feijing por 100 vezes; Shenjing por 100 vezes; amassar Shangma por 100 vezes; revolver Laogong

(PC 8) 100 vezes; limpar Ganjing 100 vezes, amassar Shending 50 vezes; empurrar Yongquan (R 1) 100 vezes e pressionar amassando Zusanli (E 36) 30 vezes.

Adicione limpeza de Xinjing por 100 vezes e pressão e amassamento de Bahui (VG 20) por 50 vezes para tratar insônia devido à agitação. Tonificar Shenjing 300 vezes, massagear Shending 100 vezes e pressionar com a ponta do dedo Shenwen 100 vezes nos casos de suor noturno ou transpiração espontânea.

Para os casos de retenção de alimentos, limpar e tonificar Pijing por 100 vezes, revolver Bagua 100 vezes e esfregar o abdome por 3 minutos. Nos casos de vômito, empurrar para baixo o ponto Danzhong (VC 17) por 50 vezes e empurrar de Hengwen a Banmen 100 vezes. Caso haja convulsões, limpar Ganjing por 10 vezes e massagear Xiaotianxin e Wuzhijie 50 vezes cada.

A freqüência do tratamento de Tuina para tratar febre deverá ser efetuado uma vez ao dia, nos casos mais graves poderá ser efetuado 2 a 3 vezes ao dia. Três dias consecutivos se considera um período de tratamento. Durante o tratamento é necessário recomendar repouso, hidratação, alimentação leve e quarto bem ventilado. Ação hipotérmica com uso de banhos, compressas frias e de álcool pode ser utilizada em pacientes de 2 a 3 meses de idade.

2. TOSSE

COMENTÁRIOS INICIAIS

Tosse é um dos principais sintomas das doenças respiratórias, podendo ocorrer em qualquer estação, mas comumente no inverno e primavera. A estrutura anatômica do trato respiratório das crianças, como os numerosos vasos sanguíneos, a mucosa da traquéia e dos brônquios são muito delicados, passíveis de desenvolverem inflamações e infecções.

A medicina tradicional chinesa percebe uma fraqueza inerente do Qi dos pulmões das crianças o que leva a uma suscetibilidade de adoecimento do trato respiratório sujeito a ataques de fatores exógenos, levando a alteração na função de dispersão e descensão, resultando a tosse.

Dividimos clinicamente a tosse em dois tipos: tosse exógena e tosse endógena. A tosse infantil está principalmente relacionada ao primeiro tipo.

1. Tosse exógena.

Na tosse causada por fatores exógenos vento-frio, os sintomas são tosse, catarro claro e fino, entupimento nasal, coriza fina, dor de cabeça e corporal, aversão ao frio com ou sem febre, não há transpiração ou sede, revestimento lingual fino e branco, pulso superficial e tenso ou superficial e lento, veias do indicador superficiais e vermelhas.

Na tosse causada por fatores exógenos vento-calor, os sintomas são tosse, catarro amarelo e grosso, difícil de expectorar, febre e aversão ao vento, transpiração, coriza turva, inflamação e secura ou coceira da garganta, sede, constipação, urina amarela, língua vermelha com revestimento amarelo, pulso superficial e rápido e veias do indicador púrpuras.

2. Tosse endógena.

Tosse crônica com profuso catarro ou tosse seca ou com catarro grosso ou escasso e de difícil expectoração, complexão pálida, membros frios, respiração curta, transpiração, peito cheio, necessidade de acostar-se, apatia, revestimento lingual branco e gorduroso, pulso fraco ou fraco e rápido e veias do indicador púrpura e ampla.

Princípio de tratamento: o princípio de tratamento é dispersar o Qi do pulmão para parar a tosse.

Manipulações básicas: pressionar amassando Tiantu (VC 22) 20 vezes, empurrar Danzhong (VC 17) 100 vezes, massagear Rugen (E 18) 20 vezes, massagear Rupang 20 vezes, limpar Feijing 100 vezes e revolver Bagua 200 vezes, pressionar com a ponta do dedo Wuzhijie de cada dedo 10 a 20 vezes, pressionar Jingning 10 vezes, pressionar e amassar Tianshu (E 25) 100 vezes, Fenglong (E 40) e Zusanli (E 36) 50 vezes cada, Fengmen (B 12), Dingchuan e Feishu (B13) 100 a 200 vezes cada e friccionar a palma da mão aquecendo a costa da criança.

MANIPULAÇÕES ACRESCIDAS DE ACORDO COM A DIFERENCIAÇÃO DE SÍNDROME

1. Síndrome exopatogênica de vento-frio.

Adicionar abertura de Tianmen por 10 vezes, empurrar Kangong 30 vezes, empurrar Taiyang 30 vezes, amassar Wailaogong 30 vezes, empurrar

Sanguan 300 vezes, dispersar Liufu 100 vezes, apertar Hegu (IG 4) e Fengchi (VB 20) 10 vezes.

2. Síndrome exopatogênica de vento-calor.

Adicionar limpeza de Feijing por 200 vezes, dispersar Liufu 300 vezes, empurrar Sanguan 100 vezes e empurrar Tianzhu (B 10) 100 vezes.

3. Síndrome de lesão interna.

Adicionar tonificação de Pitu 300 vezes, Shenjing 800 vezes, amassar Zhongwan (VC 12) 200 vezes, Dantian 200 vezes e Banmen 30 vezes. Pressionar e amassar Pishu (B 20) e Weishu (B 21) 20 vezes cada e amassar Shenshu (B 23) 30 vezes.

As manipulações devem ser efetuadas uma vez ao dia, nos casos mais graves poderá ser feita duas vezes ao dia. Três dias de tratamento corresponde a uma série de tratamento.

Devemos procurar a real causa da tosse e empreender o tratamento de acordo com a etiologia.

3. ANOREXIA

COMENTÁRIOS INICIAIS

A anorexia ou aversão a alimentos, refere-se a sintomas crônicos de perda de apetite ou recusa de alimentação. A medicina chinesa relaciona a anorexia infantil à delicada psique da criança associada ao vazio de Yin e Yang e à deficiência do Qi do Baço.

Entretanto muitos são os fatores que levam a desarmonia do estômago e do baço, alterando sua função na recepção, transporte e transformação dos alimentos. Geralmente crianças com anorexia estão em um estado espiritual normal, mas se anorexia se estende, pode gerar desânimo, perda de peso e diminuir a resistência às doenças. Crianças com anorexia crônica poderão ter afetado seu desenvolvimento. A anorexia ocorre comumente em crianças de um a seis anos. Anorexia causada por doenças exopatogênicas ou por conseqüência de doenças crônicas não está incluída nesta discussão.

De acordo com os sintomas clínicos, a anorexia é classificada em três síndromes: disfunção do baço no transporte e transformação, insuficiência do yin do estômago e vazio do Qi do baço.

1. Síndrome de disfunção do baço no transporte e transformação.

Sintomas: compleição pálida, sem desejo de alimentar, sabor insípido na boca, recusa de alimentos, magreza, língua com revestimento banco e gorduroso, pulso normal e veias do indicador pálida e grossa.

2. Síndrome de insuficiência de Yin gástrico.

Sintomas: boca seca, freqüente desejo de beber água, aversão a comida, pele seca e sem brilho, fezes secas, língua sem revestimento e lisa ou língua vermelha, brilhante e com pouco revestimento com corpo da língua avermelhado, pulso fino e profundo e veias do indicador vermelha.

3. Síndrome de vazio do Qi do baço.

Sintomas: apatia, compleição pálida, aversão à comida, recusa de se alimentar, fezes com alimentos não digeridos ou fezes disforme após ligeira alimentação, fácil transpiração, língua com revestimento fino e branco, pulso fraco e profundo, dedo indicador com vênulas profundas e grossas.

Princípio terapêutico: o princípio terapêutico é de fortalecer o baço e regular o estômago. O resultado terapêutico é extraordinário.

Manipulações básicas: tonificar Pijing 400 vezes, Weijing 200 vezes e Dachang 200 vezes. Pressionar massageando Sihengwen de 30 a 50 vezes, esfregar o abdome por 5 a 10 minutos e pressionar Zusanli (E 36), Pishu (B 20) e Weishu (B 21) 30 vezes respectivamente.

- Para pacientes com disfunção do baço no transporte e transformação de alimentos, tonifique Pijing por 600 vezes, revolva Neibagua 400 vezes e manipule Longruhukou por 100 vezes.

- Para pacientes com insuficiência de Yin gástrico, adicione a separação do Yin-Yang por 100 vezes, amasse Banmen 300 vezes, revolva Neibagua 200 vezes, pressione e massageie Zhongwan (VC 12), Guanyuan (VC 4), Sanjiaoshu (B 22) e Shenshu (B 23) de 30 a 50 vezes respectivamente.

- Para pacientes com vazio do Qi do baço, tonifique Pijing 600 vezes e Shenjing 300 vezes, adicionalmente empurre Shanqijiegu 300 vezes e pince e role a coluna de 3 a 5 vezes.

A freqüência de tratamento deverá ser de uma vez ao dia e uma série se completa em dez dias.

Orientação alimentar se faz necessário. Deve-se evitar alimentação tipo mono dieta, bem como restringir o hábito de alimentos como guloseimas, salgadinhos, doces e chocolates antes das refeições. Favorecer o bom hábito alimentar, bem como a regularidade do horário das refeições.

4. VÔMITOS

COMENTÁRIOS INICIAIS

O vômito é sintoma comum nas doenças infantis podendo ser causado principalmente pela retroperistalgia do estômago e dos intestinos, resultante de muitas doenças como: patologias gastrintestinais, febre, infecções intracranianas, iatrogenia medicamentosa, infecção alimentar e muitos outros distúrbios metabólicos. A medicina chinesa diz que o vômito é causado por alimentação imprópria, levando a retenção de comida no estômago ou acumulação de calor, estagnação de frio no estômago, resultando na falência do Qi do estômago em descender, induzindo a inversão do Qi causando o vômito. Os principais sintomas são vômitos produtivos com arrotos após comer, vômitos amargos e fedorentos, acompanhados por compleição pálida com face e orelhas enrubescidas, suor e dor no estômago. Clinicamente classificamos em vômito frio, vômito quente e vômito com indigestão.

PRINCIPAIS PONTOS PARA DIFERENCIAÇÃO DE SÍNDROME

1. Síndrome de vômito frio.

Sintomas: vômito após excesso alimentar, intermitente, ligeiro sabor amargo, compleição pálida, membros frios, dor abdominal que pode ser aliviada pelo calor, fezes moles, língua pálida com revestimento fino e branco e veias do indicador grossas.

2. Síndrome de vômito quente.

Sintomas: vômito logo após comer, vômito amargo e fétido, sensação de febre corporal, sede, agitação, fezes secas ou fétidas, urina amarela escura, lábios vermelhos e secos, revestimento lingual amarelo e gorduroso, pulso rápido e veias levemente púrpuras.

3. Síndrome de vômito com indigestão.

Sintomas: vômitos freqüentes, respiração alterada, aflição no peito, anorexia, dor e distensão abdominal, fezes fétidas e azedas, revestimento lingual espesso e gorduroso, pulso escorregadio e profundo, marcas vasculares grossas.

Princípio terapêutico: o princípio terapêutico é regular o estômago e atenuar a inversão do Qi do estômago.

Manipulações básicas: pressão digital de Neiguan (PC 6), Zhongwan (VC 12) e Zusanli (E 36) por um minuto respectivamente. Beliscar os músculos em torno do ponto Weishu (B 21) por 15 a 20 vezes. Friccionar o abdome no sentido horário e anti-horário por 3 minutos respectivamente.

MANIPULAÇÕES ACRESCIDAS DE ACORDO COM A DIFERENCIAÇÃO DE SÍNDROME

1. Síndrome de vômito frio.

Adicionar a manobra de empurrar Tianzhugu por 100 vezes, tonificar Pijing 100 vezes, empurrar de Banmen a Hengwen 100 vezes, amassar Wailaogong 100 vezes e empurrar Sanguan 100 vezes.

2. Síndrome de vômito quente.

Adicionar dispersão de Pijing, Weijing e Dachang 100 vezes cada. Dispersar Liufu 10 vezes, beliscar Shiwang 3 a 5 vezes e empurrar para baixo Tianzhugu e Qijiegu 100 vezes.

3. Síndrome de vômito indigesto.

Adicionar dispersão de Pijing 100 vezes, revolver Neibagua em sentido horário 300 vezes, empurrar Banmen a Hengwen 100 vezes, empurrar separando Danzhong (VC 17) 300 vezes e empurrar para baixo Qijiegu 100 vezes.

A freqüência de tratamento é de uma a duas vezes ao dia, constitui-se três dias uma série de tratamento.

Vômito em crianças pode ser controlado com dieta e para aqueles com vômitos freqüentes e persistentes as manobras acima descritas devem ser praticadas até a recuperação da criança e incrementação gradual da alimentação. A cabeça da criança deve ser virada para o lado enquanto vomita nos casos de inalação do vômito pela traquéia. Hidratação deverá ser providenciada nos casos severos e persistentes de vômito para evitar distúrbios eletrolíticos e conseqüente desidratação. Durante o tratamento por tuina, a causa do vômito deverá ser averiguada, pois muitas são as patologias que causam vômito, podendo se tratar de patologia grave que deverá ser tratada por especialista. Por exemplo: vômito em jato acompanhado de febre, convulsão, indiferença ou eclampsia, deve considerar um quadro infeccioso agudo como encefalite B ou meningite cérebro-espinhal.

5. DIARRÉIA

COMENTÁRIOS INICIAIS

Referimos à diarréia infantil toda e qualquer aumento da freqüência da defecação, geralmente mais de 3 vezes ao dia, acompanhada de fezes aguada ou mole. É um dos problemas digestivos mais comuns em crianças abaixo de três anos com ocorrência nos períodos de calor e umidade, no outono e verão. Dieta imprópria ou infecção por bactéria ou vírus, como o hanta vírus, podem ser a causa da diarréia infantil.

A medicina chinesa relaciona a diarréia à invasão de fatores patogênicos exógenos, especialmente o vento, frio, calor de verão e umidade, que causam distúrbio no transporte e transformação dos alimentos, levando à indigestão. A criança possui lento desenvolvimento e maturação. Diarréias com excessivos líquidos ou diarréia quente lesam os líquidos corporais podendo levar a exaustão do Yin, ocasionando sintomas como pele seca, sede, lábios vermelhos e dificuldade miccional.

PRINCIPAIS PONTOS PARA DIFERENCIAÇÃO DE SÍNDROMES

1. Diarréia devido a frio e umidade.

Sintomas: fezes finas e espumosas, pálida e com mau cheiro, borborigmo, dor estomacal, compleição pálida, sem sede, urina fina e prolongada, revestimento lingual branco e gorduroso, pulso macio.

2. Diarréia devido à umidade calor.

Sintomas: diarréia após dor abdominal, defecação urgente, fezes fétida e quente, de coloração amarela, febre leve, sede, urina escassa e amarela, revestimento lingual amarelo e gorduroso, pulso escorregadio e rápido.

3. Diarréia devido à indigestão.

Sintomas: dor, distensão e plenitude abdominal, choro antes da descarga diarréica, dor aliviada após a defecação, fezes azedas, halitose, apetite fraco ou regurgitação azeda, revestimento lingual grosso e pegajoso, pulso escorregadio.

4. Diarréia devido a deficiência do baço.

Sintomas: diarréia arrastada ou repetidos episódios de diarréia, compleição pálida, apetite fraco, fezes moles com massas de leite ou resíduos de alimentos ou diarréia após alimentação, língua pálida com revestimento fino e pulso fraco.

5. Diarréia devido ao vazio do Yang do baço e dos rins.

Sintomas: fezes freqüentemente aguada com alimentos não digeridos, diarréia incessante, compleição pálida, membros frios, apatia, língua pálida com revestimento fino e pulso fraco e mole.

Princípio terapêutico: o princípio terapêutico é fortalecer o baço, eliminar umidade e deter a diarréia.

Manipulações básicas: tonificar Pijing 100 vezes, limpar e tonificar Dachang 200 vezes cada, limpar Xiaochang 200 vezes, friccionar circularmente o abdome por 5 a 10 minutos, amassar o ponto de acupuntura no umbigo 500 vezes, amassar Guiwei 300 vezes, empurrar para cima Qijiegu 300 vezes, pressionar e amassar Pishu (B 20), Weishu (B 21), Dachangshu (B 25) e Zusanli (E 36) por 1 minuto respectivamente.

MANIPULAÇÕES ADICIONADAS DE ACORDO COM A SÍNDROME

1. Diarréia devido ao patógeno frio umidade

Friccionar o abdome no sentido anti-horário. Adicionar a manobra de empurrar Sanguan 100 vezes, amassar Wailaogong 100 vezes e amassar Tianshu (E 25) 100 vezes.

2. Diarréia devido ao patógeno umidade calor

Friccionar o abdome no sentido horário e empurrar para baixo Qijiegu. Tonificar Pijing 100 vezes, dispersar Liufu 100 vezes, limpar Tianheshui 100 vezes, amassar Tianshu (E 25) 300 vezes e beliscar e empurrar sobre a coluna 100 vezes.

3. Diarréia devido à indigestão.

Friccionar o abdome em sentido horário, empurrar para baixo Qijiegu e limpar Dachang 100 vezes, manipular Longruhukou 200 vezes, revolver Neibagua 200 vezes, amassar Zhongwan (VC 12) 200 vezes e raspar Dujiao de 10 a 20 vezes.

4. Diarréia devido à deficiência do baço

Friccionar o abdome no sentido anti-horário e amassar Banmen 300 vezes, revolver Neibagua 200 vezes e pinçar e rolar a coluna de 10 a 15 vezes.

5. Diarréia devido à deficiência do Yang do baço e dos rins.

Friccionar o abdome no sentido anti-horário, tonificar Shenjing 300 vezes, amassar Shending 50 vezes, pressionar e amassar Shenshu (B 23) e Mingmen (VG 4) 100 vezes cada e friccionar Baliao (oito pontos no sacro, de B31 a B34).

O tratamento geralmente se faz uma vez ao dia, nos casos mais sérios pode ser feito duas vezes ao dia, cinco dias constitui uma série de tratamento. Nas diarréias crônicas será necessário três a quatro séries de tratamento.

Se o tratamento com Tuina não for efetivo ou a condição da criança agravar, apresentando oligúria, anúria, vômitos freqüentes, afundamento ocular ou apatia, devemos combinar as técnicas da medicina chinesa com medicamentos ocidentais, podendo, dependendo do caso, utilizar transfusão de sangue, antibioticoterapia e correção eletrolítica.

Uma correta assepsia deverá ser orientada aos pais da criança, como lavar o ânus com água morna após cada defecação, trocar fraldas freqüentemente e manter sempre as mãos limpas. A alimentação deverá ser corretamente administrada quanto à quantidade e a regularidade.

6. DESNUTRIÇÃO INFANTIL

COMENTÁRIOS INICIAIS

Ganji (desnutrição e estagnação alimentar em crianças) é uma terminologia da medicina chinesa que engloba a má nutrição (Ganzheng) e a estagnação de alimentos (Jizhi).

Má nutrição e estagnação alimentar se diferem grandemente.

O termo estagnação de alimentos refere-se à estagnação de alimentos e leite, levando a desarmonia do baço e estômago, causando distensão e plenitude no estômago e indigestão, emagrecimento, distúrbio do sono, choro persistente, fezes fétidas e outros sintomas.

Má nutrição é a fase avançada da estagnação de alimentos. Uma disfunção crônica do estômago e do baço no transporte e transformação dos alimentos e falha na produção do Sangue e Qi levam ao emagrecimento, compleição pálida, membros frios, escassez e embranquecimento dos cabelos, apatia, fraqueza e choro baixo, distensão abdominal com visibilidade das veias superficiais e fezes moles nas crianças. Geralmente, Ganji é similar à desnutrição infantil relatado na medicina ocidental.

A medicina chinesa diz que a estagnação de leite e alimentos e a deficiência do baço-estômago possuem relação de causa e efeito. Porque a estagnação de leite pode lesar o baço e o estômago, entretanto, a fraqueza do baço e estômago pode induzir a estagnação de alimentos.

Clinicamente, Ganji pode ser classificado como "lesão do baço devido à estagnação de alimentos" e "deficiência de Qi e de Sangue".

PRINCIPAIS PONTOS PARA DIFERENCIAÇÃO DE SÍNDROME

1.Síndrome de lesão do baço devido à estagnação de alimentos.

Manifestado por emagrecimento, evidente parada no ganho de peso, distensão e plenitude no estômago e abdome, apetite fraco, apatia, agitação ao dormir, movimento irregular dos intestinos com odor fétido, revestimento lingual grosso e gorduroso, veias do indicador púrpura e insinuante.

2. Síndrome de deficiência de Qi e de Sangue.

Manifestada pelos sintomas de compleição pálida ou amarelada empalidecida, escassez e embranquecimento dos cabelos, apatia ou irritabilidade, sono agitado, choro fraco e baixo, membros frios, atraso no desenvolvimento, depressão abdominal, fezes moles, língua pálida com revestimento fino, veias pálidas.

Princípio de tratamento: remover a estagnação, promover a digestão e regular o baço e o estômago.

Manipulações básicas: tonificar Pijing 400 a 600 vezes, revolver Neibagua 400 vezes, manipular Longruhukou 200 vezes, friccionar em círculo em sentido horário e anti-horário o abdome por 5 minutos respectivamente. Empurrar separando Fuyinyang 200 vezes, pinçar e rolar a coluna de

10 a 15 vezes e pressionar Zusanli (E 36), Pishu (B 20) e Weishu (B 21) de 30 a 50 vezes respectivamente.

MANIPULAÇÕES ADICIONADAS DE ACORDO COM A SÍNDROME

1. Síndrome de lesão do baço devido à estagnação de alimentos.

Adicionar, amassar Banmen 100 a 300 vezes, empurrar Sihengwen e revolver Neibagua 100 vezes respectivamente.

2. Síndrome de deficiência do Qi e do Sangue.

Adicionar, tonificar Shenjing 100 vezes, empurrar Sanguan 100 vezes, amassar Wailaogong 100 vezes e beliscar amassando Sihengwen 100 vezes.

Se em qualquer das duas síndromes acima ocorrer constipação, cancelar o amassamento de Wailaogong e empurrão em Sanguan, adicionar limpeza de Dachang 200 vezes e empurrar para baixo Qijiegu 100 vezes. Ocorrendo diarréia e fezes moles, adicionar tonificação de Dachang 200 vezes e empurrar para cima Qijiegu. Para pacientes com hiper-hidrose, adicionar amassar Shending 100 vezes.

Para pacientes com sensação de calor nos 5 centros (peito, palmas das mãos e solas dos pés) e suor noturno, cancelar empurrão em Sanguan e amassamento em Wailaogon, adicionando limpeza em Ganjing 100 vezes, beliscão e amassamento em Xiaotianxin 100 vezes e Wuzhijie 50 vezes cada manobra. Para aftas, adicionar beliscão e amassamento em Xiaohengwen 50 vezes cada manobra e amassar Zongjing 100 vezes.

A terapia com Tuina deverá ser efetuada uma vez ao dia. Uma série de tratamento é constituída por 10 sessões. Geralmente a estagnação de alimentos necessita de uma série de tratamento, enquanto a desnutrição requer de uma a três séries de tratamento. O intervalo entre séries é usualmente de um a dois dias de descanso.

Ganji infantil deve ser prevenida e tratada o quanto antes, nos casos de tratamento tardio onde a patologia evoluiu e envolveu outros órgãos o resultado do tratamento pode ser demorado ou de difícil cura. Deve-se orientar quanto à alimentação, enfatizar o aleitamento materno no mínimo até os seis meses de idade. Se necessário adicionar alimentos funcionais, macro e micronutrientes, regularidade alimentar com fixação de quantidade e qualidade. Orientar sobre a necessidade de sono regular, incremento de atividades externas e exercícios físicos apropriados para aumentar o apetite e melhorar a digestão.

Atenção especial deverá ser dada quanto à higiene alimentar protegendo a criança de infecções e parasitoses.

7. Prolapso retal

Comentários iniciais

Prolapso do reto é a exteriorização do reto através do ânus. Por razões diferentes, na criança e no adulto, o reto se projeta para o exterior, através do ânus.

Na criança, a parede (mucosa) do reto, que ainda é frouxa e com pouca fixação aos tecidos mais profundos da própria parede, o prolapso acontece, freqüentemente, associado a quadros de diarréia. Devido às múltiplas evacuações, com discreta ou intensa desidratação, a parede do reto prolaba (exterioriza). Com manobras específicas podemos recolocar o reto em seu lugar, caso não haja treinamento dos pais, esta manobra deve ser realizada por profissional competente. Em casos crônicos, pela fragilidade tecidual da parede do reto, poderão ocorrer reincidências quando houver tosse forte ou choro, necessitando de manobras de recolocação.

A medicina tradicional chinesa diz que prolapsos retais em crianças é devido à deficiência congênita, fraqueza constitucional após doença ou diarréia arrastada por longo período que consome o Qi correto, levando ao vazio e colapso do Qi. Pode ser causado também por acumulação de calor no intestino grosso ou umidade calor que flui para baixo ou mesmo fezes secas que necessita de esforço excessivo para ser expelida gerando o prolapso.

De acordo com o método de diferenciação de síndromes da medicina chinesa, o prolapso retal pode ser dividido em síndrome de vazio e síndrome de plenitude.

Principais pontos de diferenciação

1. Síndrome de vazio.

Sintomas: prolapso retal vermelho claro com pouco muco, sem dor, compleição pálida, membros frios, lassidão e fadiga, suor espontâneo, língua pálida com revestimento fino e branco, pulso fraco e fino.

2. Síndrome de plenitude.

Sintomas: prolapso retal vermelho brilhante com pequeno exsudato vermelho, vermelhidão, inchaço e dor quente ao redor do reto, fezes secas, urina escura e escassa, constante choro, língua vermelha com revestimento amarelo e gorduroso e pulso oco.

Princípio terapêutico: tonificar o Qi, eliminar o calor e ascender o Qi afundado para cessar o prolapso.

Manipulações básicas: pressionar e amassar Baihui (VG 20) por 2 minutos, amassar Dantian por 5 minutos, amassar Guiwei 600 vezes, raspar Jianjing (VB 21) por 20 a 30 minutos e pressionar e amassar Zusanli (E 36) 30 vezes.

MANIPULAÇÕES ADICIONADAS DE ACORDO COM A DIFERENCIAÇÃO DE SÍNDROME

1. Síndrome de vazio.

Adicionar, empurrar para cima Sanguan 300 vezes, tonificar Pijing 300 vezes, tonificar Dachang 200 vezes, tonificar Shenjing 300 vezes, empurrar para cima Qijiegu 300 vezes e pinçar e rolar a coluna 3 a 6 vezes.

2. Síndrome de plenitude.

Adicionar, dispersar Liufu 100 vezes, limpar Dachang 300 vezes, limpar Xiaochang 300 vezes, amassar Quchi (IG 11) 60 vezes, amassar Tianshu (E 25) 100 vezes e empurrar para baixo Qijiegu 300 vezes.

A freqüência de tratamento deverá ser de uma vez ao dia, cinco dias constitui uma série de tratamento. Durante o tratamento a criança não deve defecar em posição agachada. Cuidados de enfermagem devem ser providenciados após cada ocorrência de prolapso retal. Lavar o ânus com água morna após cada defecação. Manter limpo o tecido enquanto empurra o prolapso retal para seu devido lugar. Quando o prolapso retal estiver associado a doenças específicas como diarréia ou prisão de ventre, estas patologias devem ser tratadas ao mesmo tempo.

8. ENURESE INFANTIL

A enurese consiste na micção involuntária a partir de uma idade na qual já se deveria ter adquirido o controle da bexiga.

Na ausência de situações adversas, o controle dos esfíncteres, quer diurno quer noturno, ocorre em cerca de 98% das crianças até os 5 anos de idade.

A enurese pode ser noturna (quando ocorre apenas durante o sono) ou diurna (quando ocorre com a criança acordada). A noturna é de longe a mais comum. São vários os fatores que contribuem para esta situação e, geralmente, estão relacionados com a profundidade do sono, a menor capacidade da bexiga e uma maior produção de urina durante a noite.

A enurese noturna considera-se primária quando ocorre todas as noites e secundária quando se verifica após um período de controle prévio, geralmente mais de um ano. A secundária exige a investigação de fatores orgânicos e emocionais.

É mais comum em meninos do que em meninas. A função da bexiga é controlada pelo córtex cerebral, tornando-se uma ação voluntária e como o córtex cerebral da criança está em desenvolvimento gradual, algumas crianças ainda possuem dificuldade de controle voluntário.

Na medicina chinesa a enurese é vista como conseqüência da deficiência do Qi dos rins e frio vazio da bexiga, levando a falha do controle da passagem da água ou do vazio do Qi do pulmão e do baço após longo adoecimento, falhando em regular a passagem da água e o controle da bexiga.

Principais pontos de diferenciação

A enurese ocorre comumente no mesmo horário da noite, geralmente antes da meia-noite. É comum em pacientes que se agitam durante o dia, em dias encobertos ou chuvosos.

- Pacientes com deficiência do Qi dos rins com sintomas de compleição pálida, retardo mental, inflamação e fraqueza lombar e dos joelhos, membros frios e urina clara e profusa.

- Pacientes com vazio do Qi do pulmão e do baço com sintomas de insuficiência de Qi com pouca fala, lassidão, suor espontâneo e suor noturno, compleição pálida, apetite fraco e fezes moles.

- Pacientes com umidade calor no meridiano do fígado com sintomas de irritabilidade, sono agitado, face e lábios vermelhos, sabor amargo na boca, suspiros freqüentes, urina amarela e suja.

Princípio terapêutico: nutrir e aquecer o baço e os rins e fortalecer os rins para deter a enurese.

Manipulações básicas: amassar Dantian 100 vezes, friccionar e amassar o umbigo e o abdome inferior 100 vezes respectivamente, presionar Sanyinjiao (BP 6) 100 vezes, amassar Shenshu (B 23) 100 vezes, pressionar e amassar Mingmen (VG 4) 10 vezes, pressionar e amassar Ganshu (B 18) 50 vezes, amassar Guiwei 100 vezes, pinçar e rolar a coluna 3 a 5 vezes, friccionar transversalmente a região lombo-sacra por cerca de 1 minuto até gerar uma sensação de aquecimento.

Manipulações adicionadas de acordo com a diferenciação de síndrome

1. Pacientes com insuficiência do Qi dos rins

Adicionar, empurrar Shenjing 300 vezes, empurrar Sanguan 100 vezes e pressionar amassando Yongquan (R 1) 100 vezes.

2. Pacientes com vazio do Qi do pulmão e do baço

Adicionar, pressão e amassamento do Baihui (VG 20) 100 vezes, empurrar Pijing 300 vezes, empurrar Feijing 300 vezes, amassar Wailaogong 50 vezes e empurrar Sanguan 100 vezes.

3. Paciente com umidade calor no meridiano do fígado

Adicionar, limpar Ganjing 100 vezes, limpar Xiaochang 100 vezes, dispersar Liufu 100 vezes, pressionar e amassar Taichong (F 3) 50 vezes e friccionar o hipocôndrio 50 vezes.

A freqüência do tratamento deverá ser de uma vez ao dia, dez dias constitui uma série de tratamento. Geralmente esta patologia necessita de duas a três séries de tratamento.

É necessário educar o paciente quanto ao controle urinário. O encorajamento e estímulo positivo devem ser enfatizados, evitando punições e quaisquer atitudes que lesem emocionalmente a criança. Pacientes com enurese devem ser orientados quanto a evitarem excessos durante o dia, a não beberem líquidos antes de deitar.

9. CONVULSÃO INFANTIL

COMENTÁRIOS INICIAIS

As células neuronais que compõem o cérebro funcionam num ritmo harmônico e bem estabelecido. Essa harmonia funcional pode ser atrapalhada por qualquer intercorrência clínica que modifica o ritmo eletroquímico e desencadeia a convulsão. Várias são as causas que podem desencadear as crises convulsivas: doenças infecciosas, traumatismo craniano, doenças metabólicas, entre outras. Em algumas ocasiões as convulsões podem ser causadas por determinados medicamentos, intoxicação pelo álcool e drogas ilícitas.

As crises se manifestam com movimentos musculares, tipo abalo (crise clônica), com rigidez generalizada (crise tônica) ou as duas formas associadas. Nota-se que, durante a crise, o paciente fica cianótico devido à parada parcial e transitória da respiração.

Na criança, as células nervosas ainda estão em maturação, desenvolvendo sua camada de mielina. A convulsão infantil pode se manifestar durante períodos febris. As causas mais freqüentes são infecções virais de vias aéreas, intestinais ou urinárias.

Sabe-se que 4-5% da população infantil apresenta convulsão febril e é mais freqüente entre os 15-24 meses de idade, embora possa se iniciar aos 3 meses e se prolongar até 6 anos.

Na medicina tradicional chinesa a convulsão é dividida em convulsão aguda e convulsão crônica. A convulsão aguda é resultante da invasão dos seis fatores exopatogênicos, transformando o calor em vento, causando a convulsão (vento) ou devido à acumulação excessiva de fleuma calor alterando a atividade do Qi, obstruindo os orifícios. A convulsão crônica é resultante do desenvolvimento da convulsão aguda quando esta não é tratada apropriadamente ou ocorre após acometimento de uma doença em criança muito fraca com consumo de líquidos corporais e de sangue, deixando de nutrir adequadamente seus músculos e tendões.

PRINCIPAIS PONTOS PARA DIFERENCIAÇÃO

Os sintomas comuns da convulsão são contratura e espasmos dos membros e inconsciência.

1. Convulsão aguda.

Manifestada por febre alta, fluxo facial, vermelhidão dos lábios, respiração curta, agitação das aletas nasais, agitação e irritabilidade, choro sem lágrimas; podendo haver perda da consciência, olhos virados, aperto dos dentes, rigidez da coluna e das costas, convulsões dos membros e tremor.

2. Convulsão crônica.

Manifestada por compleição pálida, letargia, apatia, pulsos cerrados, ataques intermitentes de convulsões brandas. Algumas vezes a convulsão ocorre repentinamente durante o sono e com os membros excessivamente frios.

Princípio de tratamento: aliviar a convulsão e induzir a ressuscitação.

Manipulações básicas:
- Pressionar com a unha do polegar Renzhong (VG 26), apertar Hegu (IG 4), pressionar com ponta do polegar (beliscar) Daunzheng e Shixuan até estabelecer a consciência.
- Apertar (pressionar) (VB 21), Weizhong (B40) e Chengshan (B 57) até parar as convulsões.
- Limpar Feijing, empurrar e amassar Danzhong (VC 17), Tiantu (VC 22) e Zhongwan (VC 12) 30 a 50 vezes respectivamente.

- Pressionar e amassar Zusanli (E 36) e fazer pressão digital em Fenglong (E 40) por 1 a 3 minutos respectivamente.

MANIPULAÇÕES ADICIONADAS DE ACORDO COM A DIFE-RENCIAÇÃO.

1. Convulsão aguda.

Adicionar, apertar Fengchi (VB 20) 30 a 50 vezes, empurrar para baixo Tianzhugu 100 a 300 vezes, manipular Qingtianheshui 100 vezes e dispersar Liufu 100 vezes.

2. Convulsão crônica.

Adicionar, esfregar o abdome no sentido horário e anti-horário 100 a 300 vezes respectivamente, tonificar Pijing, limpar Ganjing 100 vezes, tonificar Shenjing 100 vezes, empurrar Sanguan 100 vezes e pinçar e rolar a coluna 3 a 5 vezes.

A convulsão, em especial a aguda, ocorre em ataque violento e repentino. Se tratada de maneira imprópria, pode provocar anoxia (falta de oxigenação cerebral) com conseqüências de lesão de tecido nervoso e prováveis seqüelas neurológicas.

A criança deve ser deitada de lado para que não se asfixie com os líquidos que se acumulam na boca e possam ser aspirados para o pulmão, determinando outros transtornos. Para quem não está habituado a esse tipo de intercorrência, o melhor é levar a criança ao pronto-socorro mais próximo e entrar em contato com o pediatra do paciente. No período após a crise convulsiva a criança fica mais pálida, com a respiração mais superficial e adormece por um período variável de minutos a horas.

10. CHORO NOTURNO

COMENTÁRIOS INICIAIS

Se a criança age normalmente durante o dia, mas chora intermitentemente ou continuamente à noite ou em horários específicos, podemos considerar como alteração patológica se a criança tiver acima de 6 meses de idade.

É importante considerar fatores externos como falta de cuidado, fralda molhada, fome, picadas de insetos, excesso ou falta de agasalho.

Em medicina chinesa consideramos o choro noturno relacionado com frio vazio do baço e estagnação do Qi ou hiperatividade do fogo do coração por evolução do calor patogênico ou retenção de leite ou alimentos, com lesão ao baço e estômago. O choro noturno pode ser induzido por medo, tendo como causa a agitação mental.

Esta doença é caracterizada por freqüente choro à noite sem causa aparente.

1. Síndrome de frio vazio do baço.

Sintomas: compleição pálida, branca ou azulada, apatia com expressão assustada, membros frios, choro baixo, espasmos do abdome enquanto chora, sente confortável quando tem seu abdome pressionado, interrompe o choro com aquecimento abdominal ou após descarga diarréica.

2. Síndrome de hiperatividade do fogo do coração.

Sintomas: face e olhos vermelhos, agitação, choro forte, aversão à claridade, preferência pela posição supina, prisão e ventre, urina escura e escassa.

3. Síndrome de medo.

Sintomas: compleição pálida ou repentinamente azulada, agitação devido a temor, choro após ouvir algum som ou pesadelo, preferência por dormir com os pais lhe tocando.

4. Síndrome de retenção de leite e alimentos.

Sintomas: anorexia e vômito de leite, regurgitação ácida, dor e distensão abdominal, fezes fétida e distúrbios do sono.

Princípio terapêutico: fortalecer o baço, regular o fluxo do Qi, acalmar o medo e parar o choro.

Manipulações básicas: abrir Tianmen 30 vezes, limpar Xinjing 300 vezes, tonificar Shenjing 100 vezes, amassar Erren Shangma 200 vezes, amassar Neilaogong 200 vezes, beliscar e amassar Xiaotianxin 50 vezes, pressionar e amassar Baihui (VG 20) 100 vezes e amassar Erhougaogu 30 vezes, pressionar e amassar Xinshu (B 15), Feishu (B 13) e Ganshu (B 18) bilateralmente por um minuto respectivamente.

1. Síndrome de vazio e frio no baço.

Adicionar, tonificar Pijing 300 vezes, amassar Wailaogong 50 vezes, empurrar Sanguan 100 vezes, esfregar o abdome por 5 minutos e pressionar e amassar Pishu (B 20) e Zusanli (E 36) 50 vezes respectivamente.

2. Síndrome de hiperatividade do fogo do coração.

Adicionar, limpar Xiaochang 300 vezes, limpar Tianheshui 100 vezes e dispersar Liufu 100 vezes.

3. Síndrome de pavor e medo.

Adicionar, pressionar Ganjing, Xinjing e Jingning 5 vezes respectivamente.

4. Síndrome de retenção de leite e alimentos.

Adicionar, limpar Pijing 100 vezes, limpar Dachang 300 vezes, amassar Banmen 100 vezes, revolver Neibagua 100 vezes e empurrar para baixo Qijiegu 50 vezes.

A freqüência do tratamento deverá ser de uma vez ao dia e cinco dias constituem uma série de tratamento.

Devemos excluir patologias como diarréia e/ou doenças infecciosas como fatores causadores do choro para optarmos pelo Tuina como terapêutica.

11. TORCICOLO MIOGÊNICO

COMENTÁRIOS INICIAIS

Esta é uma patologia caracterizada pelo desvio da cabeça para o lado. Pode ser causado pelo mau posicionamento do feto no útero, que pressiona o músculo esternocleidomastóideo, obstruindo a circulação do sangue levando a fibrose isquêmica do músculo. Pode ser causado também, pela má posição no nascimento, pelo uso de fórceps ou de força demasiada, lesando o músculo esternocleidomastóideo, percebido pelas lesões e hematomas no pós-parto.

Na medicina chinesa a análise do mecanismo patológico se faz pelo desvio da cabeça que denota desordem do Qi e do sangue, obstrução da circulação do Qixue (energia e sangue) dos meridianos e conseqüente estagnação do Qi e do sangue.

- Após o nascimento é percebido uma massa fusiforme em um dos lados do pescoço (em alguns casos pode desaparecer espontaneamente após 6 meses), ocorre gradual contratura dos músculos no lado afetado, projetando-se como uma corda.

- A cabeça é desviada para o lado afetado, virando para frente, enquanto a face gira para o lado sadio. Pode ocorrer um desenvolvimento assimétrico da face, o lado saudável fica relativamente grande enquanto o lado afetado fica pequeno.

- Se o tratamento não é realizado e o problema se estende, as vértebras cervicais podem desviar para o lado saudável e uma compensação em curvatura lateral das vértebras torácicas pode ocorrer.

Princípio terapêutico: o princípio terapêutico é relaxar os músculos e os tendões, promover a circulação do sangue, amolecer e eliminar as massas duras.

Manipulações básicas

- A criança deita de costa para a cama, posicionando a cabeça em direção ao terapeuta que está sentado em uma cadeira em frente a cabeceira da cama. O terapeuta segura a cabeça com uma de suas mãos, e com o polegar ou com os dedos indicador, médio e anelar da outra mão, pressiona e amassa o lado afetado por 5 a 10 minutos. Esta manobra se faz da origem à inserção do músculo esternocleidomastóideo do lado afetado.

- Pince levemente o músculo esternocleidomastóideo do lado afetado por 1 a 3 minutos, então puxe com o polegar e o indicador os tendões, alongando-os de 10 a 15 vezes.

- Puxe ou rode a cabeça do paciente em direção ao lado saudável repetidamente. Esta manipulação deverá se efetuada inicialmente bem leve, aumentando gradativamente a força e a amplitude do movimento. Manobra repentina e com muita força além da limitação fisiológica deve ser evitada.

- Finalmente pressione e amasse a área afetada por 3 a 5 minutos afim de relaxá-la.

Se o paciente estiver por longo período sofrendo de torcicolo miogênico, os dois lados da face se diferem em tamanho e o lado afetado do pescoço está tenso e duro, será necessário adicionar as seguintes manipulações:

- Pressionar e amassar Taiyan, Yintang e Dicang (E 4) no lado afetado da face por 1 minuto respectivamente.
- Pressionar Hegu (IG 4) e Waiguan (TA 5) por um minuto respectivamente.
- Puxar Yinlingquan (BP 9) e Juegu (VB 39) 10 vezes respectivamente.

O tratamento de torcicolo miogênico deve ser efetuado uma vez ao dia por 10 a 15 minutos. Uma série de tratamento é efetuada em um mês. A quantidade de séries dependerá da intensidade de tensão do músculo. Importante dosar a força ao manipular, devendo evitar operações bruscas e violentas. Utilizar talco como meio para proteger a pele da criança.

12. CUIDADOS DA SAÚDE DA CRIANÇA — PREVENÇÃO DE DOENÇAS

A massagem Tuina é um método efetivo de prevenção e manutenção da saúde da criança. Na dinastia Tang, foi publicado um grande tratado - "Prescrições equivalente a mil pesos de ouro" (Qianjinyaofang) escrito por Sun Simiao, famoso médico e monge taoísta, onde diz: "Embora muitas crianças não estejam doentes, massagens no início da manhã em suas fontanelas, palmas e solas podem protegê-las do vento frio". Obviamente o Tuina pediátrico não é indicado somente na prevenção de doenças e no cuidado da saúde das crianças, trata como já vimos anteriormente inúmeras patologias, como método principal ou coadjuvante a outras técnicas.

Os métodos de Tuina pediátrico para os cuidados da saúde são simples, convenientes e efetivos e muito bem aceitos pelas crianças. Eles são fáceis de ser aprendidos e muito populares na China e no Oriente.

a) Métodos para o cuidado da saúde e construção de um corpo com uma boa constituição

Manipulações: pressionar e amassar Zhongwan (VC 12) por 3 minutos, esfregar o abdome por 3 minutos, pressionar e amassar Zusanli (E 36) bilateralmente 50 vezes e pinçar e rolar a coluna 3 a 5 vezes.

Geralmente se faz as manobras no horário da manhã ou com o estômago vazio. Se ocorrer alguma intercorrência de saúde, em especial o aparecimento de doença aguda, interrompe-se o método de fortalecimento e prevenção e inicia-se o tratamento específico.

Ação: o método descrito é efetivo para fortalecer o baço e regular o estômago, melhora o apetite, equilibra o emocional e promove o desenvolvimento e o crescimento da criança.

b) Método de prevenção à gripe

Manipulação: esfregar ambas as palmas até aquecê-las colocando-as sobre a face, repita 80 vezes. Pressionar Yingxiang (IG 20) 30 vezes, empurrar e esfregar o peito e as costas 3 a 5 vezes cada, pressionar e amassar Hegu (IG 4) 30 vezes e amassar Wailaogong 100 a 300 vezes.

Esta seqüência deve ser executada 1 a 2 vezes ao dia quando houver surto de gripe na região onde mora. Quando for esfregar o peito e as costas utilize óleo de gergelim ou talco.

Ação: terapêutica efetiva para difundir o Qi do pulmão, ativar o Yang e fortalecer o exterior, prevenindo a ocorrência de gripes e bronquites.

c) Métodos de proteção dos olhos e fortalecimento da visão

Manipulação: empurrar separando a polpa dos dedos polegares o ponto Yintang, ponto entre as sobrancelhas, 30 vezes. Pressionar e amassar Zanzhu (B 2), Jingming (B 1), Tongziliao (VB 1) e Sibai (E 2) 30 vezes respectivamente. Esfregar e amassar em torno dos olhos (órbita) 30 vezes.

Estas manobras são úteis para prevenir e tratar esforços visuais relativo à leitura, estudo de classe e televisão.

Ação: possui efeito de drenagem dos meridianos, ativando a circulação do Qi e do Sangue, aliviando a fadiga dos músculos oculares, regulando a visão, prevenindo distúrbios visuais.

As manobras do Tuina preventivo podem ser efetuadas pela própria criança, em especial as mais velhas. As crianças mais jovens que tenham dificuldade em efetuar por si própria as manobras podem ser ajudadas pelos seus pais.

AGRADECIMENTOS

Agradeço,

A Weberson Gerson Pedro e Maria Aparecida de Souza Pedro pela autorização das imagens do filho Thiago de Souza Pedro. Como podem perceber o Thiago não só colaborou, mas curtiu imensamente o trabalho realizado.

Ao Max Adriano Magalhães de Alvarenga, pelo trabalho realizado no ajuste das fotografias.

A equipe do IMAM, Instituto Mineiro de Acupuntura e Massagens e a todos os meus clientes, amigos e familiares, em destaque a minha companheira Gisele Maletta Marra Noleto, os quais sempre me apoiaram em toda minha trajetória profissional.

Paulo Noleto

BIBLIOGRAFIA

1) A MASSAGEM CHINESA: *manual de massagem terapêutica*. 4ª ed. Rio de Janeiro: Record, 1994. 229p.

2) ACADÉMIE DE MÉDECINE TRADITIONNELLE CHINOISE. *Précis d'acupuncture chinoise*. Pekin: [s.n.], 1977. 328p.

3) LI, Ding. *Acupuncture, meridian theory and acupuncture points*. Beijing: Foreign Languages Press, 1991. 413p.

4) SUN, Chengan. (Ed.). *Chinese massage therapy*. Beijing: Shandong Science and Technology Press, 1990. 537p.

5) MATERIAL DIDÁTICO DO CURSO DE MASSAGEM CHINESA. Academia de Medicina Chinesa de Beijing, 1987 a 1992.